4·16구술증언록 단원고 2학년 5반 제1권

그날을 말하다

성호 엄마 정혜숙

이 도서의 국립중앙도서관 출판예정도서목록(CIP)은 서지정보유통지원시스템 홈페이지(http://seoji.nl.go.kr)와
국가자료공동목록시스템(http://www.nl.go.kr/kolisnet)에서 이용하실 수 있습니다.
CIP제어번호: CIP2019009625

4·16구술증언록 단원고 2학년 5반 제1권

그날을 말하다

성호 엄마 정혜숙

4·16기억저장소 기획 편집
(사) 4·16세월호참사가족협의회 지원 협조

한울

일러두기

1. 음절로 식별 가능한 소리를 들리는 대로 전사하는 것을 원칙으로 한다.

2. 의미를 파악하기 위해 추가 설명이 필요할 경우 [ ]로 표시한다.

3. 몸짓, 어조 등 비언어적 행위는 ( )로 표시한다.

4. 구술자가 말을 잇지 못해 말줄임표를 사용하는 경우 ……, …로 길고 짧음을 표시한다.

5. 비공개 영역은 〈비공개〉로 표시한다.

6. 비공개해야 하는 희생자 형제자매의 이름은 ○○, △△ 등의 도형기호로, 생존자의 이름은 A, B, C 등 알파
   벳 대문자로 표시한다.

7. 비공개해야 하는 제3자는 직분이나 소속, 성만 공개하고, 이름은 ××로 표시한다. 비공개해야 하는 숫자는
   자릿수에 상관없이 □로 표시하며, 지명은 □□로 표시한다.

책머리에

4·16기억저장소에서는 세월호 참사 5주기를 맞아 구술증언 수집 사업의 결과물 일부를 100권의 책으로 발간하게 되었습니다. 이 사업은 2015년 6월부터 다양한 학문 분야 구술 연구자들의 자발적인 참여로 진행되어 왔으며, 세월호 참사를 좀 더 정확하고 다각적으로 기록하고 기억하고자 하는 노력의 일환으로 수행되었습니다.

2014년 참사 발생 이후, 참사 피해자들의 목격담과 경험은 안타깝게도 공식적인 국가기관과 언론의 기록 속에서 철저히 소외되거나 왜곡되었습니다. 그것은 세월호 참사가 우리에게 안긴 죽음과 고통의 충격만큼이나 우리 사회의 끔찍한 비극이었습니다. 따라서 사업을 진행하면서 세월호 참사 희생자 가족, 생존자, 생존자 가족, 어민, 잠수사, 활동가, 기자 등등, 참사의 초기 과정을 직접 경험한 분들의 증언을 우선적으로 수집했습니다. 구술자는 이 사업의 취

지와 방식에 개인적으로 동의한 분 중에서 선정했으며, 참여 과정에 어떠한 금전적 보상이나 이익이 제공되지 않았습니다. 또한 구술증언 수집 사업을 진행하는 동안, 면담자는 연구자이자 참사를 겪은 공동체 시민으로서 최대한 윤리적이고자 노력했습니다.

구술자마다 매회 약 2시간씩 3회를 원칙으로 음성 녹취와 영상 촬영을 하는 방식으로 진행되었고, 증언의 일관성을 확보하기 위해 면담자는 큰 틀에서 공통 질문지를 사용했습니다. 공통 질문지의 내용은 참사와 구술자 간의 관계성에 따라 차이가 있지만, 유가족 구술의 경우 1회차 '참사 이전의 삶, 팽목항과 진도에서의 경험, 자녀에 대한 기억'을, 2회차 '참사 이후 투쟁과 공동체 활동 경험'을, 3회차 '참사 이후 개인 및 가족이 경험한 삶의 변화와 깨달음, 자녀의 현재적 의미'를 중심으로 했습니다. 이처럼 증언 내용은 참사 이전에서 시작해 참사 발생 당시의 경험과 이후의 변화 과정까지 폭넓게 수집했고, 면담자는 구술 채록 과정에서 구술자의 발화를 최대한 존중하고자 했으며, 무엇보다 각자의 특수한 경험과 다른 시각을 충실히 반영하고자 했습니다.

이 구술증언록의 발간을 위해, 채록된 음성 자료는 문서로 변환해 구술자와 함께 검토했고, 현재 시점에서 공개할 수 있는 영역과 할 수 없는 영역으로 구별했습니다. 따라서 책에 실린 내용은 모두 구술자로부터 공개를 허락받은 부분입니다. 비공개 영역은 추후 구술자의 동의를 받아 적절한 절차를 거쳐 추가로 공개될 수 있으리라 생각합니다.

이 구술증언록 100권에는 그동안 우리 사회에 왜곡되어 알려지거나 잘 알려지지 않았던, 참사 발생 직후 팽목항과 진도 혹은 바다에서의 초기 상황에 관한 중요한 증언이 포함되어 있습니다. 또한, 자녀를 잃는 잔인하고 애통한 상황을 겪으면서도 그 누구보다 강인한 정치적 주체로 성장할 수밖에 없었던 유가족의 마음과 경험을 구체적으로, 그리고 여러 각도에서 살펴볼 수 있습니다. 그 외에도, 이 구술증언록은 2014년을 전후한 한국 사회의 여러 측면을 드러내는 귀중한 자료가 되리라고 생각합니다. 무엇보다 국내외의 많은 분이 이 책을 읽어, 장차 세월호 참사의 진상 규명과 역사 서술에 기여할 수 있기를 바랍니다.

구술증언 수집 사업이 진행되고, 책으로 출간되기까지 많은 분의 도움과 지지가 있었습니다. 이 지면을 빌려 부족하나마 감사의 말씀을 전하고자 합니다.

먼저 (사)4·16세월호참사가족협의회와 4·16기억저장소에 감사를 드립니다. 이분들의 신뢰와 적극적인 협조가 없었다면, 이 사업은 처음부터 시작할 수조차 없었을 것입니다. 또한 어려운 정치 환경 속에서도 사업의 취지에 공감해 재정 지원을 결정해 준 아름다운가게와 역사문제연구소에 감사드립니다. 두 단체 덕분에, 이 사업을 4년 동안 계속해 올 수 있었습니다. 그리고 구술증언록 100권의 발간에 동의하고, 바쁜 일정에도 출판 실무를 기꺼이 맡아주신 한울엠플러스(주)에도 감사를 드립니다. 이 외에도 많은 개인과 단체가 직간접적으로 많은 도움을 주시고 격려해 주셨습니다. 여기에 모두 밝히지 못하는 것을 죄송하게 생각합니다.

　말할 필요도 없이, 가장 크고 또 가슴 아픈 감사는 구술자 한 분한 분께 드리고자 합니다. 이 책이 발간될 수 있었던 것은, 무엇보다 용기를 내어 아픔과 고통의 기억을 다시 떠올리고 장시간 진심으로 이야기를 해주신 구술자가 있었기 때문입니다. 오랜 시간 이야기를 나누며 함께 공감하기도 했지만, 그 아픔과 고통을 어떻게 가늠할 수 있을까 싶습니다. 더 큰 도움이 되지 못함을 안타까워하며, 이 구술증언록 100권의 발간이 피해자분들에게 조금이라도 위로가 될 수 있기를 기원합니다.

2019년 4월

4·16기억저장소 구술팀 책임자
서울대학교 인류학과 교수 이현정

차례

■ 1회차 ■

성호 엄마 정혜숙

구술자 정혜숙은 단원고 2학년 5반 고 박성호의 엄마다. 4남매 중 셋째이자 첫아들이었던 성호는 엄마와 마찬가지로 하느님을 신실하게 믿었고 장차 사제의 길을 걷기 위해 준비 중이었다. 참사를 통해 악한 사회의 현실을 확인한 엄마는 사회의 가장 약한 자들과 호흡하는 삶을 희구했던 성호의 뜻을 이어가기 위해 진상 규명에 온 힘을 쏟고 있다.

정혜숙의 구술 면담은 2015년 8월 11일, 9월 8일, 10일, 3회에 걸쳐 총 6시간 15분 동안 진행되었다. 면담자는 장미현, 촬영자는 명소희·김혜원였다.

구술자 본인의 프라이버시나 제3자의 프라이버시를 보호해야 할 부분을 제외하고는 구술자의 발화를 있는 그대로 전사했다.

1회차

2015년 8월 11일

시작 인사말

면담자   본 구술증언은 4·16 사건에 대한 참여자들의 경험과 기억을 기록으로 남김으로써 이후 진상 규명 및 역사 기술에 기여하고자 합니다. 지금부터 정혜숙 씨의 증언을 시작하겠습니다. 오늘은 2015년 8월 11일이며, 장소는 안산시 단원구 글로벌다문화센터입니다. 면담자는 장미현이며, 촬영자는 명소희입니다.

구술증언 참여 동기

면담자   구술증언의 기획 취지를 들으시고 구술증언에 대해서 생각하시는 바가 있으시면 말씀해 주시면 좋겠습니다.

성호 엄마   네. 기억이라는 게 시간이 지날수록 선명하지 않게 되고 그러면서 점점 잊어가는 게 많은데, 아이가 아프거나 살아 있거나 이렇다면 이런 기록도 안 할지도 몰라요. 아이가 볼 수 없는 사람이 돼버리고 공간 안에 함께 하지 못하기 때문에, 그 함께했던 기억들을 정말 잘 되살릴 수 있도록 하나도 놓치지 않고 기억해낼 수 있도록, 시간이 흘러도 그것이 잊혀지지 않고 다시 꺼내서 잊혀지는 생각을 다시 되돌릴 수 있는 그런 기록으로 해주셨으면 좋겠고 이런 기록을 많은 사람이 좀 봤으면 좋겠어요, 소장만 하는 것이 아니라. 그래서 이런 반인륜적인 참사가 더 이상 이 세상에서는 있지 않게, 더 이상 발생하지 않도록 하는 데 도움을, 모두가 함께 힘을 실었으면 좋겠어요. 그래서 많은 콘텐츠로 활용을 했으면 좋겠어요. 연극, 영화, 그림이든 조각품이든 여러 가지로 활용을 해서 절대로 이런 일이 없도록 하는 데 사용하는 것. 그것이 바로 우리 아이들, 지켜주지 못한 성호와 성호 친구들과 선생님들 그리고 많은 희생자들을 기억하는 일이고 그들을 부활시키는 일이라고 생각이 들어요.

3
진실을 밝히기 위한 투쟁

면담자   네, 감사합니다. 어머니께서는 참사가 있은 다음부터 인터뷰도 많이 해주시고 활동도 해주시고 하셨는데, 요즘에는 주로 어떻게 일상을 보내고 계신지요?

성호 엄마   요즘은… 이 싸움의 국면이라는 게 저는 그렇게 생각하거든요. '참과 거짓의 싸움이다'라고 생각을 해요. 참을 지키려는 사람들[과] 어쨌든 이것을 기억하지 못하게 하려는 사람들의 싸움이 계속되고 있고, 그러나 참을 지키는 사람들의 힘이 너무 미약해서 쉽게 되지 않는 일에는, 또 다른 거짓을 만들어내지 않는 힘을 만드는 데 미약하기 때문에 좀 더 노력을 많은 사람들이 할 수 있도록 해야 되는데, 그 공감이라는 것이… 우리가 아이들에게 공감이라는 것, 소통하는 방법 이런 것을 알려줬지만 사실 [교육] 현장에서는 세뇌되고 이런 것들로 그냥 사라지는 경우가 너무 많았던 것. 그런 사회라는 생각이, 그게 이제 병폐를 만들고 이기적으로 만들고 그랬던 거 같아서 저희는 처음부터도 잊혀지지 않게 하려고 많은 노력을 하려고 애를 썼고.

더군다나 성호가 사회문제에 굉장히 관심이 많았던 아이고 정의감이 뛰어났던 아이어서 걔가 하지 못한, 만약에 내가 입장 바꿔서 '내가 이런 일을 겪었거나 누군가가 성호랑 아주 밀접한 관계가 있는 사람이 이런 일을 겪었다면 성호는 어떻게 살았을까?' 저는 거기서부터 출발해서 생각을 하거든요. '내가 성호라면, 아니면 내가 입장 바꿔 성호였다면 성호는 나를 위해 어떻게 했을지' 이런 것들을 생각하면서. 그래서 아파하거나 슬퍼하거나 추모만 하고 있을 새가 없었어요, 사실은. 아이한테 미안하지 않은, 부모가 지켜주지는 못했지만, 지켜주지 못한 상태에서 할 수 있는 최대한의… 미약한 엄마지만 [최대한] 해야겠다는 생각으로 그렇게 싸웠고요.

그래서 언론[인터뷰]도, 언론플레이에 말려서 너무 힘들지만 조그만 진실의 목소리를 내려고 애를 썼던 거죠. 지금은 그런 싸움의 국면이라는 게 정치적인 제도 안에서, 시스템 안에서 계속 싸움이 쳇바퀴 돌듯이 하고 있고, 이런 것들을 느끼면서 음… 옛날의 싸움과 지금의 싸움이 너무 다르다는 것도 알게 됐고. 이러면서 지금은 내부, 내부[를] 조성하고, 내부의 부모들의 생각 이것들이 사회랑 똑같잖아요. 그렇게 세뇌돼 있고 일반화돼 있고 이런 것들을 조금씩 바꿔가려고. 그래서 아이 편에서 더 생각하는, 자기의 잣대보다는 음… 순수했던 아이들 편에서 생각할 수 있게 하려고 교육이나 토론이나 이런 것들을 함께 하면서 부모들의 마음을 모으고 있고 이런 것들을 함께 하고 있어요.

면담자　　요즘도 가족대책위[세월호사고 희생자, 실종자, 생존자 가족 대책위원회] 정기적인 모임이나 아니면 반 모임 활동을 하시나요?

성호 엄마　　반모임은 열흘에 한 번씩, 총 열 반이라서 그렇게 돌아가고 있고요. 저는 반모임을 많이 참석을 못 하는 편이고요. 간담회를 좀 많이 다니고, 외부로 활동을 하기 때문에 본인이 그렇고. 정기모임은 일주일에 한 번씩 주말마다, 매주 주말마다 저희는 정기모임을 하고 있어요. 그리고 중간중간 월요일 날 같은 경우는 엄마들의 스터디 모임. 그러니까 공감을 갖게 해야 되기 때문에 전문가의 이야기를 듣고 우리 생각만이 아니라 우리가 알지 못했던 것, 정리하지 못했던 거, 너무 아파서 정리가 잘 안 돼요…. 그럴 때 정리하지 못한 것들을 제3자의 입장에서 함께 생각하고 정리해 보고 다시 우리의 생각을, 그때 내가 어땠는지 이런 것들을 얘기를 하면서 내 생각과 남의 생각을 공유를 하고 이런 시간을 갖고요.

　　화요일 날 같은 경우는 아빠들 모임도 하거든요. 저는 아빠들 모임에도 껴요(웃음). 그래서 함께 진상 규명에 관한 여러 가지 이야기들을 "우리가 이랬어", 또 "그때 법정에서 이런 얘기를 했는데 이건 아닌 거 같아. 우리가 어디까지 했어야 했는데 이걸 못 한 거 같아" 이런 평가나 토론이나 이런 것들을 같이 하고 있어요.

그런 것들을 하고 있고, 수요일 날은 저녁에 간담회를 다니는 부모들 교육을 함께 하고 있어요. 대외협력팀을 만들어가지고, 대외협력팀을 만드는 데 지대한 공을 한 게 그런 분들, 앞전에 월요일, 화요일 공부하신 분들의 힘을 모아서, 그 공부의 힘이 깨지지 않아도 간담회를 다니는 이런 팀을 교육을 하죠. 교육을 제가 하는 게 아니라 같이 하는데, 그다음에 다음 커리[교육과정]는 어떤 거로 갈 건지 기획 같은 이런 것들을 같이 하고 있고, 그래서 지금 진행 중에 있고요. 내일이면 5회가 끝나나, 그러고 또 5회가 다시 시작되고, 이렇게 준비하고 있고요.

목요일 날 같은 경우는 인권 팀이라고, 4·16연대[4월16일의 약속 국민연대]가 인권운동으로 자꾸 끌고 가려고 하기 때문에 우리가 이것을 무조건 안 하고 있을 수도 없고요, 무조건 그들을 태클 걸 수도 없고 이런 과정에 놓여 있어서 "가족인권 팀"을 또 만들었어요. 그래서 인권을 어떻게 해야 하는지, 싸움의 국면과 접목을 어떻게 해야 하는지 가족들하고 또 회의를 하고 있고요. 그렇게 지내고 있어요(웃음).

면담자　　　언제 쉬세요, 어머니?

성호 엄마　　아… 중간중간 회의가 많아요(웃음).

면담자   주일에는 성당에 나가세요?

성호 엄마   거의 뭐 성당도 분향소 성당을 가거나 아니면 간담회 가서 성당을 가거나 아니면 현장에 있는 성당, 길거리 성당을 가거나 이러고 있죠. 아, 우리 본당 성당을 가지 않은 지가 한 3개월 된 거 같애.

면담자   일정이 바빠서서요?

성호 엄마   음, 그렇기도 하고요. 대부분 제가 많이 했던 간담회 등 이런 것들은 성당에서 신부님 대신 강론하는 것, 세월호 이야기를 함께 모르거나 관심이 부족한 사람들 교우 분들에게 "세월호 이야기를 잊지 말아달라"고 가서 호소하거나 또 세월호가 어떤 내용인지 정리해서 얘기를 해주거나 이런 것들을 하고 있어서, 미사는 그렇게 대체를 할 때가 [많아요]. 하루에 3, 4번씩 미사를 할 때도 있죠(웃음).

면담자   계속 말씀을 하셔야 하니까 힘드실 거 같애요.

성호 엄마   말하는 걸 힘들어하지는 않아요, 마음이 힘든 거지. 저도 그 한 몇 년이야, 한 15년? 이렇게 아이들을 가르치는 일, 이런 것들을 지속적으로 했어서 말하는 걸 힘들어하지는 않아요, 그게 또.

면담자   그래서 말씀을 잘하시는구나.

성호 엄마   잘 한다기보다는 겁이 안 나는 거 같아요.

성호 엄마 정혜숙

4
형제자매들의 4·16 관련 활동

면담자　　누나인 ○○를 제가 ○○라고 불러도 괜찮을까요?

성호 엄마　　그럼요, 어린데.

면담자　　네. 누나인 ○○가 초기부터 대책위 활동을 같이 했잖아요. 형제자매들 중에서도 인터뷰를 많이 하고 했는데 요즘 누나들은 어떤지요?

성호 엄마　　네. 우리 성호도 그렇고요. ◇◇이는 아직 어려서 그렇고. ○○, △△, 성호까지가 애들이 정의감이 굉장히 뛰어난 편이에요. 그리고 역사의식이나 이렇게 감정에 대한 소통 이런 것들이 잘 되는 애들이에요. 그게 많은 아이들 안에서, 형제가 많은 데서 자라서가 가장 먼저인 거 같고요. 그다음에 신앙생활이 아이들의 인성의 밑거름이 좀 많이 된 거 같아요.

그래서 제가 항상 아이들에게 했던 얘기들이 뭐가 있냐면, "그냥 보는 것은 누구나 할 수 있다, 시청하는 건". 세상도 바라보고 모든 게 시청이잖아요. "시청하는 건 누구나 할 수 있는데, 견문하는 것은 누구나 하진 않는다". "사람들이 똑같은 걸 보고도 다른 생각을 하는 거, 똑같은 걸 보고도 표현하는 게 다른 거, 이런 것들은 그 사람이 얼마나 사고했느냐에 달려 있다"라고 얘기를 했거든요. "봤어도 본 게 아닐 수도 있고, 많은 경험이 아닌데도 굉장히 많은 걸 본 사람일 수도 있고 이렇다"고. 그래서 애들한테 "시청하지 말고 견문하라"라고 늘 오랫동안 얘기를 해왔었죠.

그래서 그런 사고를, 사고 과정을 아이들이 좀 할 줄 아는 거 같아요. 그래서 좀… 내공이 있다고 할까요. 그래서 처음에는 엄마가 쓰러질까 봐, 아빠가 쓰러질까 봐 이래서 보호 차원에서 나오고 이랬던…. 제가 혈압이 굉장히 높아졌거든요, 갑자기 참사로. 그랬던 아이들이 ○○랑 △△랑 교대로 쫓아다니다가 둘 다 학교를 그만두겠다는 거예요. 둘 다 학교를 그만두면 나중에… 지금도 돈을 못 버는 상태가 됐는데 그나마 벌어논 거 가지고 누구라도 공부를 하고 있으면 좋겠다 싶어서 둘을 꼬셨죠. "하나는 쉬고 하나는 좀 다녀라. 둘이 합의를 봐라". 동생인 △△가 졌죠. 그래서 걔는 한 학기 학교를 다녔고요. 학교를 다니면서 너무 힘들어했어요. 그리고 △△ 같은 경우에 특히나 남동생임에도 불구하고 성호랑 친구관계였어요. 이게 형제자매 관계라고, 남매관계라기보다는 친구관계…. 그래서 늘 붙어 다니고 늘 상의하고 이런 애들이었어서 더 힘들어했던 거 같아요. 그래서 △△는 어쨌거나 한 학기를 마치고 그만뒀고요, 휴학을 했고.

○○는 4월 16일 그 날짜로 학교에서 집으로 와서 동생들을 보살피면서부터 계속 인제 학교를 못 가고, "이 시점에서 공부가 되겠냐?" 이렇게 얘기를 했고요. 엄마가 쓰러질까 봐 계속 따라다니다 보니까 엄마가 250명이고 아빠가 250명인 거예요. 그래서 지가 봐도 엄마, 아빠들이 너무 고통스러워하고 힘들어하는 거, 이런 걸

24

성호 엄마 정혜숙

보고 있는데 인터넷 댓글 같은 것들이 굉장히 많이 올라오잖아요. 그러면서 엄마, 아빠들은 이게[접하는 게] 조금 늦죠. 저는 전산이나 네트워크에 조금 늦고 이러니까, '엄마, 아빠가 보기 전에 지가 어떻게 댓글을 달든 뭐를 해든지 이거를 처리를 해야겠다. 이 아픈 사람을 더 아프게, 사람들을 더 아프게 하는 저런 행위는 눈 뜨고 못 보겠다' 이러면서 지가 대처를 하기 시작한 거예요. 그래서 법적 대응까지 부모들을 제쳐놓고 지가 막 해버린 거죠.

면담자   역할 분담이 된 게 아니라 ○○가 자기가 하겠다고?

성호 엄마   스스로, 스스로 한 거예요. 그래서 "그건 너무 힘들거고 그 반대하고 있는 그 사람들, 일부러 모함하는 사람들, 일베[일간베스트]들 이런 사람들한테 공격을 당할 수 있다. 너는 어리기 때문에 그것을 이겨내기가 너무 힘들 수도 있다" 그랬더니 "나는 괜찮다"는 거예요. 엄마, 아빠들이 더 힘들이할 수 있으니까, "그래도 엄마, 아빠보다 덜 힘든 내가 해야 한다" 이러면서 하기 시작했고요. 그러면서 엄마, 아빠들 앞에서 온갖 궂은 심부름을 다 해주는 거예요. 뭐 우는 엄마, 아빠 있으면 휴지 갖다주고 안아주고 냉장고에 물이 떨어지면 물 갖다 채우고. 어찌 됐건 돕고 싶어 가지고 이러다가 계속 앞장서게 된 거예요.

면담자   ○○는 지금도 활동하고 있나요?

성호 엄마   지금도 형제자매 모임 이런 것들은 함께 이끌어가고, 이런 것들은 계속하고 있고요. 그런데 작년에는, 작년 여름에 요때는 '4·16TV'를 또 만들어서 어떻게 해서든지 진실을 알려야겠다 해서 했었고요. 그러다가 지금은 제가 막 [이야기]해서 [○○이가] "공부를 늦게, 2년 더 쉬면 어떠냐?" 이러는데, 애가 너무 안 됐고 너무 마르고 너무 힘들어서 나중에는 공부할 힘도 없을 거 같아서. 그리고 [4·16 관련 활동에] 너무 빠져서, 너무 빠져 있고 이러니까 애를 버리게 될까 봐, 애가 트라우마가 너무 심할까 봐 안 되겠어서 학교를 보냈는데. 울며 겨자 먹기로 간 거예요. [○○이가] 아직은 때가 아니라고 하는 걸 "니가 건강해야 나중에까지 싸울 수 있다. 엄마들 아빠들이 늙어도 니가 더 싸워야 하니까 그때 더 싸우려면 힘을 길러놔야 한다"[고] 학교를 보냈는데, 지금도 "작년에 소진이 다 돼서 공부할 여력이 없어요" 이렇게 하면서도 열심히 하고 있어요.

5
성호와 누나·동생의 사이

면담자   어릴 때는 누나들이랑 성호랑 싸우거나 그러지 않았어요?

성호 엄마   성호가 특별한 아이였어요. 성호가 성품이 워낙에 특별한 아이이고, 그렇게 이기적인 면이 없는 아이고. 그거는 제가 봐서는 저랑 아빠를 봐서도 그렇고 형제들 안에서도 그렇고 좀 타고났다는 생각? 성품이 타고났다는 생각이 좀 많이 들었고. 또 애기 때 정말 사랑을 받아야 되고 욕구 충족을 해야 될 때 제가 딸 둘 낳고 아들을 낳았잖아요. 그래서 그게 있는 거 같애요. 네 명을 키우면서 제가 경험한 거는 첫째는 무조건 너무 이뻤잖아요. 첫아이니까 너무 이뻐 가지고 제가 걔를 이뻐하고 욕구 충족을 시키려고 노력을 했고. 이랬던 것들이 있었는데도 불구하고 둘째를 연년생으로 낳았어요. 그래서 그 환경에서 오는 것들이 있었던 거 같애요. 그런데 [첫째] ○○가 애기 때 사랑을 받았던 거 이런 것들이 있어서 그런지 양보심이 굉장히 컸고 그랬어요.

그런데 이제 둘째가 태어났는데 거의 비슷하잖아요. 연년생이고 이러니까 〈비공개〉 티격태격, 티격태격 늘… 자매가 그러니까. 그런데 '그러면서 크는 거지' 하기도 하고요. 그런데 셋째는 딸 둘 낳고 아들을 낳아서 그런지 또 터울이 한 살 더 있고 이래서 그런지 걔를 더 굉장히 귀하게 했고, ○○, △△보다 사랑을 더 줬던 생각도 들고 그래요. 〈비공개〉 더 내면이 좀 그런 [특별한] 아이었다는 생각을 많이 해요. 그래서 싸움이 없었어요. 싸움도 없고 애가 특별하다는 생각을 굉장히 많이 하게 했고 그랬는데, ◇◇이가 태어나고 동생이 태어나면 다를 거라고 생각을 했고 그랬는데 아니더라고요. 그 성격이, 동생하고도 그렇게 싸우지 않아요. 형제간에 그렇게 안 싸우는 거는 저는 별로 못 봤어요. 〈비공개〉 신기한 거는 동생이 형을 얘기를 할 때 항상 "우리 형아는 영감 같애. 우리 형아는 신선이야" 이렇게, "우리 형아는 성인군자야" 이렇게 표현을 하는 것들이, 저는[성호는] 열나고 화나도 입 꾹 닫고 있고 별 일 아닌

듯이 "괜찮아" 뭐 이러고…. 얘가 좀 친구들하고 힘들어지거나 이래도 다른 형들처럼 막 가서 싸워주는 것도 아니고 그렇다고 걔 편을 들어주지 않는 것도 아니고 이러면서 굉장히 조절을 잘하는 그런 형이었어요.

면담자　　　◇◇이도 형이 많이 보고 싶을 거예요.

성호 엄마　　그죠. 형 룸메이트이기도 하고 늘 존경하는 형처럼 항상 형제애가 좋았던 거라서 제일 힘들어하겠죠, 어려서도 그렇고. 성호는 성품이 그래서 친구 관계 같은 것도 그렇고 이기적인 아이들하고 잘 안 친했고요. 그리고 또 요즘 아이들이 한 명 낳거나 두 명이거나 그래서 왕자, 공주로 크잖아요?(웃음) 그래서 그렇게 이기적이거나 남을 배려하지 못하는 걸 좀 싫어했어요. 굉장히 냉철하기도 하고 그러면서 싫어하는 걸 이렇게 표현하지도 않아요. 그리고 또 선생님들이나 엄마, 아빠나 사랑을 독차지하려고 애도 안 써요, 같이 어우러지려고 애를 쓰고 이러지. 나만 잘나고 나만 인정받으려고 하고 이런 것들을 안 하는 특이한 아이였어요. 우리는 인정받으려고 애쓰고 이런 게 굉장히 많잖아요. 그런데 안 그러더라구.

면담자　　　어머니는 성호가 아들이니까 앞에 나서 가지고 이렇게 하면 좋겠다는 생각은 안 하셨어요?

성호 엄마　　어, 그렇죠. 많이 했죠. 그런데 안 하지도 않아요, 잘해요. 근데 그런 조절을 잘하고 그런 아이, 그래요. 그래서 발표나 이런 건 굉장히 잘해요. 앞장서서 하는 것도 잘해요. 근데 선생님이 합리적이지 않거나 굉장히 이기적이거나 이런 선생님들 그리고 왜 가려서, 사랑을 가려서 주거나 이런 선생님들은[에 대해서는], 침묵하면서 선생님 눈에 잘 안 띄려고 하거나 이런 것들을 좀 하더라고요. 그렇다고 "선생님 싫어" 이러지도 않고 그러면서 살아가는 방식들을 스스로 터득하고 그런 아이였던 거 같아요.

면담자　　성호가 97년생이잖아요. ○○가 94년생인가요?

성호 엄마　　네, 94년생.

면담자　　그럼 결혼은 몇 년도에 하셨어요? (성호 엄마 : 제가 93년) 그러면 결혼하시고 나서 안산으로 이주 오셨던 거세요?

성호 엄마　　성호 낳고 ◇◇이 낳고 2000년인가, 2001년인가? 뭐 요 때쯤… 2002년 지나서다. 2002년 그때쯤.

면담자　　그 전에서는 어디 계셨어요?

성호 엄마　　그 전에는 이제 ○○, △△는 목동에서 낳고요. 그다음에 성호는 아빠 직장 때문에 저희들이 분가하고 이러면서 부천인데, 낳은 거는 시댁 근처 청량리 그쪽에서 낳고요. 성바오로병원인가 거기서 낳고 키우기는 거의 뭐 여기 시화, 글로[그쪽으로] 아파트 사면서 이사 오면서 거기서 ◇◇이까지 낳았죠.

면담자　　안산에서 결혼생활을 쭉 하셨던 게 아니라 서울에 원래 계셨어요?

성호 엄마   서울에서 결혼생활 하고 아이들 키우고 있다가 이제 부천, 성호를 임신 중에 부천으로 갔고요. 그러다가 그때는 우리 집이 아니니까 "우리 집으로 정착하자" 이러면서 시화로 갔고요.

면담자   아버님 직장 따라서요?

성호 엄마   직장 따라서… 직장 따라간 거는 아니고요. 성격 따라간 거예요.

면담자   성격이요?

성호 엄마   낭만적인 그런 성격이 있어 가지고 저녁 해지는 노을, 그거가 너무 아름답다고 출퇴근하면서, 퇴근하면서 그걸 보면서 집에 오는 게 좋다고 그래서 시화로 이사 간 거예요, 바닷가 근처로. [실제로] 노을도 [별로] 없었어요. 그냥 신도시고 거리가 넓고 이러니까 '아이들 키우기 좋겠다' 그런 거였어요. 그런 거랑 낭만을 즐기는 아빠.

면담자   안산에 오시고 나신 후에는 이사 하시지 않으시고 쭉 계셨나요?

성호 엄마   아니요. 근처에서 이사는 했어요. 아빠 사업이 좀 그렇게 되면서 집을 팔고 전세로 여기 안산으로 넘어왔는데, 그때 제 생각에는 아이들[에 대한] 제 욕심이 있었어요. 아이들 학교나 이런 것들을 생각하면 멀리는 못 가도, 직장 땜에 멀리는 못 가도, 시화보다는 낫다고 생각[이] 들은 거예요. 안산은 좀 오래된 도시니까,

거기는 시화 같은 경우는 신도시여서 학교나 이런 것들이 정립이 좀 덜 돼 있거나 학습을 할 수 있는 이런 것들이, 학교가 좀 떨어져 있다는 그런 생각을 좀 많이 해서 이왕이면 '안산으로 나가자' 그래서 온 거고요.

안산에 살면서는 아이들이 그 넓은 아파트 이런 데서 살던 거를 되게 그리워했죠. 그래서 "글로[시화에서 살던 아파트로] 가자" 이런 얘기를 좀 많이 했었고요, 애들은, "그때가 그리워" 이런 얘기도 좀 많이 했었고, 그리고 안산이 사건 사고가 참 많다 보니까 살면서 가끔씩 애들이 "우리 여기 안산 뜨자" 이런 얘기를 많이 했었어요. 근데 그때마다 학교 때문에 '전학을 못 시키겠다' 이런 생각을 제가 많이 했죠. 아이들도 전학 가는 거 힘들어하면서 안산이라는 곳의 특성, 사건 사고가 많은 것에 놀라고 이럴 때는 "이사 가고 싶어" 이런 말을 많이 했어요.

면담자　　　누나들이랑 성호가 고등학교를 같이 나왔어요?

성호 엄마　　　같이 나왔어요. 이상하게 ○○가 단원고등학교를 갔고요. △△도 □□고등학교를 가라 그랬는데, 지가 "내신 생각해야 돼요" 이러면서 언니가 다니던 데를 갔고요. "언니 교복 물려 입으면 되고 뭐 교과서도 거의 똑같을 테니까 그렇게 쓰면 되고" 어쩌고저쩌고 이러면서 그랬던 게 있고. 성호는 제가 "□□고나 □□고를 가라, 이왕이면 가까운 데, 차 타고 다니는 데 말고 걸어 다닐 수 있는 데를 가라" 이렇게 하는데도 음… 애들끼리 짰어요.

면담자   중학교 친구들끼리요?

성호 엄마   중3 때 친구들끼리 짜서 친했던 애들 여덟 명, 걔네들이 다 짠 거예요. 거기를 가겠다고 단원고를 가겠다고. 그런데 단원고에 대한 정보가 애들이 좀 많았어요. 뭐냐 하면 일단은 급식이 좀 맛있고 교복이 좀 이쁘고 그다음에 선생님들이 편하고 무서운 선생님들이 많지 않고, 공부를 빡세게 들 시키고 아이들이 착하다는 것. 이런 게 애들한테는 퍼져 있는 것들이 있었던 데다가, 선배들이 형 누나 이런 것들이 많으니까 그런 정보가 빠른 거예요.

그래서 지들끼리 생각을 해서 그렇게 간 거죠. 그리고 성호 같은 경우는 신학대학을, 가톨릭신학대학을 생각하고 사제가 되려고 하니까 얘는 '나는 아주 이렇게 철저하게 공부를 엄청 해야 돼' 이런 게 없었어요. 그리고 내신만 어느 정도 하고 그다음에 자기가 하고 싶은 것들, 봉사활동이라든가 이런 것들을 하면 된다고 생각을, 그것에 더 관심이 많았어요. 원래 아이가 사회에 관심이 많은 아이고 역사에 관심이 참 많은 아이어서 그런 것들을 해야겠다는 목표가 있었어요.

6
성직자의 꿈과 성격

면담자   성호는 중학교나 초등학교 때도 열심히 성당 활동을 했나요?

성호 엄마   늘 열심히 했죠. 늘 열심히 했는데 엄마가 열심히 안 도와줬죠. 다른 엄마들은 쫓아다니면서 우리 아이를 눈에 넣고 보고 그러는데, 저 같은 경우는 애가 넷인데도 안 쫓아다니거든요. 스스로 알아서 가게하고 스스로 하고 이러니까 스스로 알아서 잘 했어요.

면담자   고1 때 사제가 돼야겠다고 결심을 했다고 하는데 그 얘기를 들으셨을 때 좀 놀라지 않으셨어요?

성호 엄마   아니요(웃음). 제가 이상한 엄마라서. 제가 수도원을 가고 싶어 했던 사람이에요. 그리고 이제 저희 뭐… 언니도 수녀님이고 고모도 수녀님이고 이래요. 집안에 사돈의 팔촌까지 친인척 중에 신부도 한 두어 분 계시고 수녀님도 더 계시고 이래요. 그래서 어릴 때부터 신앙 안에서 자랐다고 하는 게 맞을 거예요. 그래서 학교 공부보다는 저는 신앙의 힘이 더 커요, 사실은. 그런 것들이 있고 하다 보니까 환경적인 거에[면에서] 그것을 선택 하는 게 어려운 게 아니었고요. 그래서 활동성 이런 것보다는 정신적으로 성장 하는 거, 이런 것들을 중요시했던 거 같아요. 그런 거가 제가 선택을 하는 데도 그랬고, 저도 그렇게 하고 싶었는데 결혼을 하게 됐죠, 우리 남편 때문에.

면담자   그럼 성당에서 연애를 하신 건가요?

성호 엄마 아… 네, 맞아요, 성당에서. 명동성당에서 만나서 프란치스코 회관(웃음) 거기서 결혼을 했고 그래요. 그래서 저는 미련이 많았어요. 그런 것도 있고 언니하고 저하고를 견주어서 생각해 볼 때가 많았죠. 그러면 제가 행복하지 않아서인지 아니면 제가 가진 것에 만족을 덜 해서 그런지, 제 성격상으로 보면 그렇게 사는 게 더 잘 살았겠다는 생각을 좀 많이 했어요. 가지 않은 길에 대한 동경 이런 거일 수도 있고요.

언니는 또 저보고 그랬을지 모르겠지만 저는 언니보고 '언니처럼 사는 게 소모전을 덜 하고 사는 거겠다', '그게 사랑이기도 하지만 또 다른 면의 사랑을 할 수 있다' 이런 것들을 생각을 하니까. 그래서 저는 애기를 낳기 전부터도 아이를 많이 낳을 욕심, 그런 것도 있어요. '둘, 둘 낳으면 좋겠다' 생각을 했고 '둘은 그렇게 수도자의 길을, 성직의 길이나 수도의 길이든 그런 것들을 했으면 좋겠다'라는 생각도 했었고 이랬던 사람이라 그게 힘들지는 않았고요. 본인이 선택하는 게 힘들었겠죠, 본인이 성호가.

면담자 부모님이 옆에서 제안을 하거나 이런 거는 전혀 없었나요?

성호 엄마 아니요. 제안을 많이 했어요, 사실은. 그렇다고 강요는 안 했는데…. 왜냐하면 제가 그렇게 얘기를 해야 얘네들이 던져 놔야 생각을 할 거라고 생각을 했기 때문에 '고민해 볼 소스는 줘야겠다' 이런 거였어요. 그러고 두 가지는 다 성소(聖召)죠, 결혼성

소와 수도성소. 성직이든 이런 것들을 다 생각해 보면서 갔으면 했어요. 아무 생각 없이 양쪽을 견주어보지도 않고 선택하는 것은… 그러지 않았으면 했거든요. 그래서 저는 나름 애들이 그런 꿈을 펼쳐보거나 생각해 볼 수 있는 기회가 되겠다고 생각한 것도 있고, 이렇게 해서 제가 애들 어릴 때부터, 한 초등학교 때 정도부터는 마음으로 기도했던 것들을 그때는 막 얘기했죠.

"이모가 더 좋을 거 같애, 엄마가 사는 게 더 좋을 거 같애?" 이렇게 물어본다거나 이런 것들. "엄마는 너희들이 형제가 많으니까 그렇게 갔으면 좋겠다" 이렇게도 얘기도 했다가, 나중에는 "넷 다 [성직으로] 가도 괜찮아. 넷 다 가도 그렇게 살아도 괜찮아. 엄마처럼 매일 지지고 볶고 한 가정, 한 남자 이렇게 한 사람 한 배우자만 바라보고 서로 맞추려고 평행선으로 이러면서 맞추려고 애를 쓰고 이런 것들이 너무 소모전도 많은 거 같애" 이런 얘기도 해줬었고. 그러나 "결혼생활이 다 나쁘지는 않아. 너희들이 있어서 또 행복해" 이러면서도 얘기는 다 했어요.

○○는 [수도원] 간다는 소리를 안 했었고요. '가봐야 될까 말아야 될까' 이런 생각을 했었고, "나는 결혼생활도 괜찮다고 생각하는데 엄마만 불행하다고 생각하나 봐" 이런 얘기도 해보고. 우리는 그런 토론을 그냥 편안하게 얘기를 좀 많이 했었고요. ○○는 지금도 결혼한다고 얘기는 해요. 근데 뭐 딱히 결혼한다 이런 것도 아니고. 막내는 "나는 결혼할 거야", "그래라" 뭐 이렇게 우리는 그러고 지내는데…. 중간에 △△가 "나는 수도원에 가고 싶기도 해" 이

런 얘기를 해서 한참 또 생각하다가 지금은 생각 안 하거든요, 또. 그거는 자연스럽게 오는 것들이니까…. 성호는 "엄마는 맏아들이면 가면 좋겠다"[고] 제가 말하면 "엄마는 아들이 둘이니까 둘 중에 하나 가면 돼" 이렇게 얘기도 하고, "안 가도 되고" 이렇게 얘기를 하는데. 그래놓고 제가 항상 얘기가 "엄마는 강요하지 않았어. 너희들 선택이야"(웃음) 이렇게 또 얘기를 하죠. 그렇게 하면서 애들이 생각을 했던 거 같아요.

그리고 성호 같은 경우는 정의감이 굉장히 많은 애라 더 그런 생각들이 많았던 거 같아요. 그래서 늘 지가 먼저 복사(服事)는 하고 싶었는데 초등학교 때, 음… 아침에 일어나는 걸 잘 못 해요. 그래서 안 했는데 "왜 안 해?" 하고도 말을 안 해요. 그러면서 묵묵히 안 하다가 초등학교를 딱 졸업하고 중학교 들어가야 할 때 갑자기 그러는 거예요. "엄마 나 이제 복사할 거야" 그러니까 복사하던 아이들이 부러웠던 거죠. 왜냐하면 새벽미사를 안 서도 되니까 그러면 저도 할 수 있다 생각이 든 거예요. 그래서 그때부터 했고요. ◇◇이는 지가 하고 싶어서 했던 거고 그래요. 그래서 예비신학생도 지가 하겠다고, 제가 강요한 게 아니라 주일학교 선생님들하고 얘기하고 이래서 신학생 하겠다고 들어갔던 거[예요]. 엄마가 반대할 이유는 없으니까.

면담자	성호가 여덟 명의 친구랑 고등학교 가서도 친했어요?
성호 엄마	그랬죠. 친했죠, 애들이.

면담자　　　그 친구들도 성호의 꿈을 잘 이해해 주고요?

성호 엄마　　다 알죠. 걔는 선생님들하고도 상담을, 진로상담을 사제로 했던 애라 다 알아요, 학교에서. 여자애들도 다 알았고, 여자 반에도 소문이… 나중에 저 알게 된 건데 "엄마, 우리 학년에 어떤 애는, 어떤 남자아이는 신부가 된대" 얘기했다고 애들이, 엄마들이 얘기를 해주더라고.

면담자　　　혹시 그 여덟 명 친구들이 이번 참사 때?

성호 엄마　　다 희생됐어요.

면담자　　　반은 다 다르고요.

성호 엄마　　네. 반은 여러 반으로 나누어져 있고, 같은 반도 몇 명 있고. 그런데 음… 다 그렇게 됐어요. 그래서 학교에서 누군가가 증언해 줄 친구들이 많지 않아요.

면담자　　　성호가 이명박 정부 때 미국산 쇠고기 파동 났을 때 엄마는 왜 아무것도 안 하냐고 했다면서요?

성호 엄마　　혼났어요, 애한테.

면담자　　　누나들도 그런 성향이 있어요?

성호 엄마　　네. 우리 애들은 다 그런 편이에요. 그래서 그게 아마도 십자가상의 아픔 이런 것들의 의미를 저절로 어릴 때부터 보고 자랐고 알고 배웠고, 이런 것에 그게 근원인 거 같아요.

면담자   근데 이런 것에 관심이 있으면, 또래 친구들하고는 애기가 좀 잘 안 되잖아요?

성호 엄마   그렇죠.

면담자   게임이라든가….

성호 엄마   어, 게임도 굉장히 잘해요. 머리가 되게 비상해요. 근데 내면이 더 알차게 된 그렇게 된 애고, 남이 이런다고 따라가거나 남이 저런다고 유행 따라가는 이런 애가 절대 아니다 보니까. 그래서 묵직한 애라 표현도 잘 안 하고 이래서 그렇지, 나름 지 말에는 말도 잘하고 유머도 있고 그렇다고 지가 얘기하거든요.

면담자   사춘기 때도 크게 뭐?

성호 엄마   없었어요.

면담자   누나들은요?

성호 엄마   한두 번 있는데, 한두 번 있죠. 누나들은 아빠가 늦게 들어오고 이러시니까, 엄마도 늦게 들어올 때 많고. "누나들이 위험하니까 버스정거장 이런 데까지 데리러 나가라" 이러면은 잘 해요. 심부름을 참 잘하는 애고, "싫어요" 소리를 잘 안 하는 애거든요. 어떨 때 사춘기 때 그런 적이 있죠. "내가 할게요" 이랬던 애가 그런 말을 하더라고요, "왜 나만 해야 돼요?" 이런 적이 있어요. "나만 해야 돼요?"에 대해서 제가 또 설명을 이렇게 하죠. "너는 누나들보다 키도 크고 남자이고 아빠는 바빠서 저러고, 아빠한테 엄마가 도움을 요청하거나 그러면 이런 것이 아빠는 좀 덜 먹히니까, 덜 먹히는 게 좋은 건가?"

이런 얘기를 하면서 가족관계에 서로 함께 하는 거 이런 것들에 대한 얘기 이런 것들 하면서 니가 동생이지만 누나들을 위해서 해야 될 그런 것들이 무엇인지, 그리고 그걸 안 했을 때 혹시나 사고라거나 이런 것들을 우리가 겪을 수 있는 일들. 이런 것들에 대한 얘기를 하거나 그러면 걔는 "네"라고 대답하는, 그럼에도 불구하고 "싫어요" 이렇게 안 하거든요. 그래서 소통이 좀 잘됐고 대화가 잘 통했던….

면담자　　　보통은 안 듣잖아요?

성호 엄마　　안 듣죠. "또 잔소리 시작해요?" 하고 안 듣죠. 그러질 않았어요. 그래서 얘가 특이 하다는 게 그런 것들이에요. 제가 "특별한 아이예요" 이런 얘기를 하는 지점이, 소통이 잘되는 아이고 배려나 다른 사람에 대한 생각을 캐치[파악하는] 이런 것들을 굉장히 잘하는 애라는 거죠.

면담자　　　학교생활에서도 특별히 취미생활이라든가 하는 게 있었어요?

성호 엄마　　영화를 굉장히 좋아해요. 글쓰기 같은 것도 잘하는 편이고요.

면담자　　　문과예요?

성호 엄마   네, 문과예요. 그래서 영화감상부를 했죠.

면담자   친구들하고 영화도 자주 보러 다니고?

성호 엄마   영화 자주 보러 갔고, 볼 때마다 좋은 영화는 저한테 "엄마 이것 꼭 봐요" 이런 것들…, 그중에서 〈설국열차〉가 있죠? 〈설국열차〉를 보고 와서는 "엄마, 이거는 정말 봐야 돼. 엄마는 이거를 꼭 봐야 해" 이거를 한 대여섯 번은 했던 거 같애. 제가 바빠서 못 보고 이러니까 "놓치지 말고 봐요" 이런 얘기….

7
성호의 출생과 육아 시기의 기억

면담자   어머니 아까 전에 일하신 얘기 좀 해주셨는데 그러면 ◇◇가 어릴 때부터 계속 일을 계속하셨던 거세요?

성호 엄마   애들 아빠가 혼자 자랐어요. 요즘 애들 같아요, 성향이. 굉장히 착한 거 같은데, 착한데 뭐라 그럴까….

면담자   자기를 먼저 생각하는?

성호 엄마   아니, 아니에요. 그런 것보다는, 그렇진 않은데 어려움을 극복하는 걸 어려워해요. 이런 거, 자매가 싸워요, 딸들이 싸워요. 그러면 싸우는 걸 못 보고 혼자만 자라서 싸우는 것을 못 이겨요. 스스로가 '저기 티격태격 저러는구나' [하고] "아니, 조용히 하지 왜 싸우니?" 이렇게 한다든가 이러면 되는데… 어찌할 줄 몰라 가지고 들락날락, 저한테 "쟤네는 왜 싸우니, 또 왜 싸워?" 이러면서 힘들어해요. 전쟁 난 거처럼 힘들어해요. 그런 성격이다 보니까 굉장히 활달한데도 사회성이 좀 덜 된 거 같은 느낌, 그런 거예요. 어릴 때부터 관계 속에서 부딪치고 싸우고 이러면서 성장해야 되는 그 부분이 빠져 있던 거예요. 그런 것들을 되게 힘들어해요. 그러면서 넷을 키웠으니….

그래서 아빠가 잘하는데도 불구하고 이렇게 감정적인 것들, 이런 것들을 컨트롤해 주거나 함께 나누거나 이런 것들을 잘 못 하죠, 아빠는. 그래서 혼자 훅 나가버리죠. 애들이 싸우거나 그러면 훅 나갔다 바람 쐬고 들어오고… 저는 "애들이 싸우는 건 당연한 거야. 형제자맨데 안 싸우냐?"고, "쟤네 맨날 싸워. 원래 싸우는 거야". 아빠는 어쩌다 일요일 날 이럴 때 있다가, [그런 광경을] 보면은 못 참아가지고 그래요.

면담자　　　어머님이 일을 다시 시작하신 계기가 혹시 있었나요?

성호 엄마　　〈비공개〉 사업도 잘 안 될 때도 있었고, 정리하고 이러면서 그러다 보니까 제가 나설 수밖에 없고, 아빠가 그런 경제적인 면이나 모든 것을 책임지기에는, 그걸 제가 믿고 살기에는 너무 부족하다는 생각을 저는 많이 했어요. 저는 5남매에서 부딪히면서 싸우면서 자라서, 아빠보다는 내공이 조금 그런 부분에서 있었던 거 같아요. 〈비공개〉 저는 혹시나 사고가 생기거나 혹시나 어떤 일이 돌발적인 일이 있을 때 "우리도 살아갈 힘이 있고 나도 애들을 책임질 힘이 있어야 한다" 이런 얘기들을 하면서 남편을 설득하고 나갔던 거고, 또 가정의 평안 안에 머물거나 이럴 수가 없었던 것도 있어요, 제가. 〈비공개〉

저는 공무원 생활을 좀 했었고요. 공무원 생활을 하다가 집에서 애들만 기르는 게 오래 됐잖아요. 저 나름 제 인생 라이프 속에서도 뭐가 왔냐면 우울증이 왔었어요, 사실은. 우울했는데 그걸 돌파를 해야 하는데. 저만 낙오가 되는 느낌이 굉장히 많이 들었거든요. 더군다나 우리 남편이 외국을 좀 많이, 출장을 많이 나갔어요. 그때마다 외국 가는 게 제일 부러웠거든요. 아니, 저는 한국 땅을 벗어나지 못하는데, 애들하고 막 지지고 볶고 이러는데, 같이 애를 키우는데 남편은 외국을 수십 번씩 수시로 나가고 이러니까, 1년에도 두 번씩 나가고 이렇게 나가고 하니까. 저한테는 그게 굉장한…. 저만 도태되는 느낌이고 저만 나중에는 기운 차리기도 어려울지도 모르고… 그런 생각이 많이 들어서, 어쨌든 나도 이 우울증에서 돌파해야 된다 이런 것도 있었어요.

면담자   아이들 돌보시면서 일을 계속 같이 하셨던 거예요?

성호 엄마   배우러 다녔어요, 배우러.

면담자   재밌으셨어요?

성호 엄마   네, 재밌었어요.

성호 엄마 정혜숙

면담자　　　아이들이, 특히 ◇◇이는 어렸으니까 "엄마, 집에 있어" 그러진 않았어요?

성호 엄마　　맨 처음에는 ◇◇이를, 애기를 데리고 문화센터 같은 데 공부하러 다녔고요. 애를 유모차에 둘 싣고 이러고 다녀서 엄마들의 눈총도 받고 이러고 다녔고, 그러다가 애를 빼놓고 다니던 시간이 몇 시간씩 있게 됐고 이러면서 갔는데, 그때는 그렇게 하지 않으면 제가 죽을 거 같았거든요.

면담자　　　누나가 좀 봐줄 수 있었나요?

성호 엄마　　얘네들은 애들을 굉장히 잘 봤어요. 잘 봤는데 어린 애들한테는 맡기기는 좀 그랬죠. 엄마 노릇을 하는 애들이니까, 어릴 때부터.

면담자　　　안산에 계시면서부터 일을 하셨어요?

성호 엄마　　시화에 있을 때부터 했고요. 안산에 오면서는 집에서 했던 거를 본격적으로 밖에서 나가서 했지요. 왜냐하면 애들이 많고 그러니까 집에 아이들이 와서 학습을 하면 이게 온 가족을 산만하[게 하]기도 했고 온 가족을 불편하게 한다는 생각이었고, 그런 거 때문에….

면담자　　　안산에는 이웃이라든가 아시는 분들이 많으셨어요?

성호 엄마　　아무도 없었어요. 그냥 안산으로 온 거예요.

면담자　　　그럼 성당 분들과 좀 더 가까우셨나요?

성호 엄마　　　그렇죠. 저는 이웃들하고는 친할 새가 별로 없었고
요. 성당 분들하고는 좀 친했고.

면담자　　　학교 학부모들하고는 어떠세요?

성호 엄마　　　저는 학교를 잘 안 가는 스타일이라서 친하거나 이
러진 않고, 학기 초에 얼굴 디밀고 학부모 모임하면 처음에 돈 내
는 것만 좀 하고 그랬죠.

면담자　　　성호를 낳았을 때 특별히 기억나는 게 있으세요?

성호 엄마　　　성호 낳을 때 저는 남자 아이라고는 생각을 못 하고
낳았고요. 예전에는 여아인지 남아인지 알려주기도 많이 하는데,
이상하게 전 얘가… 딸 둘도 낳았는데 셋째도 안 알려주는 거예요.
안 알려주더라고, 모르고 낳았어요. 그래서 시어머니한테도 늘 제
가 하는 말이, 딸인 줄 알고 "그냥 그렇게 아세요" 이랬거든요. 왜
냐하면 나도 모르는데 딸을 또 낳으면, 셋째 딸을 낳으면 실망이
더 크실 거 같아서 미리 실망하시고 그다음에 아들이면, 뭐 어른들
은 남아선호사상이 심하니까 '아들이면 또 행복하시겠지' 그렇게
생각했거든요.

면담자　　　어머니는 전혀 상관없으셨고요?

성호 엄마　　　저요? 아니더라고요. 왜냐하면 딸이 둘이 있으니까.
딸이 없으면 딸이어도 상관없고. 그런데 딸이 하나도 아니고 둘이
나 있으니까… 둘째 낳을 때는 전혀 그런 생각이 없었어요. 딸이든

아들이든 아무 상관이 없었어요. 근데 딸을 둘 낳고 시어머니는 "딸을 셋 낳으면 어쩌나 어쩌나" 맨날 그렇게 하시고…. 우리 엄마가 친정엄마가 딸을 셋 낳았어요. 그리고 아들 둘을 낳거든요. 그랬더니 우리 시어머니가 얄밉게 하는 말이 있었거든요. "딸은 친정엄마 닮는다는데 너도 그렇게 되면 어쩌니?" 이러고 저한테 시집살이를 시키시는 거예요. 그래 가지고 제가 아예 못 박아둔 거[예요]. "딸인지 아세요". 그렇게 얘기를 했고 '저런 소리 안 들으려면 아들을 낳았으면 좋겠다'. 그리고 이왕이면 딸도 키워봤으니까 아들도 키워보고 싶은 욕심도 있는 거죠.

면담자　　　아빠는 아무 말씀 없으셨어요?

성호 엄마　　아빠도 마찬가지였겠죠.

면담자　　　아빠도 딸이 있으니까?

성호 엄마　　딸이 있으니까… 아빠는 그렇게 개념이 많지 않은데, 자식에 대한 개념이. 원래 하나만 낳자고 하는 사람이었고 제가 낳자고 하니까 낳은 거고, 그러면 반대는 안 하는 그런 스타일이었었고…. 근데 딸이라고 계속 얘기를 하니까… "딸이래. 딸인 줄 알아" 이렇게 얘기를 하니까 "어이구 나는 목욕 같이 갈 녀석도 없네" 이런 얘기는 했죠, 한 번. 근데 그게 야속하더라고요. 그 말을 던진 게 굉장히 야속한 거예요. (면담자 : 그쵸, 남죠) 성호 낳았을 때는 되게 좋았어요. 왜냐하면 제가 애를 굉장히 작은 애들만 낳았거든요. 그래서 이게 껍질이 비비 돌아가는 애들 있죠, 살 껍질이.

2.7[kg] 뭐 이러니까. 살 껍질이 비비 돌아가서 할머니 얼굴같이 이런 거예요. 그런데 3.0[kg]을 낳았어요. 성호를 3킬로를 딱 낳았더니 이게 없는 거예요, 돌아가는 게. 애기 같은 거예요. 그래서 이뻤죠.

면담자   크면서 크게 아프진 않았나요?

성호 엄마   아, 걔가 너무 감사한 게 한 가지, 다른 애들은 여자애들이고 그런데 ○○가 또 굉장히 입덧도 심했었고, 다 입덧이 심했지만 걔는 유독…. [제가] 아예 누워 살았거든요. 그러고 낳았던 아이고, 낳아서도 굉장히 약했어요. 굉장히 약해서 백일 때 3킬로인 애였어요. 걔는 원래 약해요.

면담자   사진으로 보니까 진짜 마른 체형이더라고요.

성호 엄마   약해요. 초인적인 힘으로 작년에 그렇게 싸운 거거든요. 초인적인 힘이 빠지니까 지금 "힘들다, 힘들다…".

8
성호의 고등학교 생활

면담자   성호는 학교폭력과 관련은 없었어요?

성호 엄마   없었어요. 한 번도 그런 일은 없었어요. 학교 다닐 때도 그렇고 정의감이 있어서 다른 애들을 도와주고 이런 것들은 있죠, 많죠. [당하는 친구들] 그 편에서 변호를 해주고 그러면 안 된다고 회의를 부치고 이런 것들은 하죠, 애가. 그런 것들은 잘 했는데 그렇다고 그런 애들을 이렇게 왕따시키고 일진 같은 이런 애들을 막 배척하고 걔네들이랑 가서 싸우고 이런 것도 안 하는 아이고…. 그렇게 아주 큰일이 했을[일어났을] 때 그런 거만 그 편에서 얘기를 해주지. 그렇다고 애가 걔네들한테 아주 극심하게 이렇게 안 하기 때문에, 인신공격하거나 그런 걸 안 하는 아이니까 또 애가 공격을 당하거나 이런 것도 없었어요.

그럼에도 불구하고 고등학교 갔을 때 제가 그렇게 걱정을 했고 그랬는데 애가 하는 말이 그런 거예요. "고등학교 친구들은 이상하게 착해요. 엄마가 생각하는 그런 일은 절대로 안 일어날 거 같아요". 그렇게 얘기를 하는데 "니가 어떻게 그걸 확신했니?"라고 제가 물었고, "어느 학교나 거의 다 있더라, 엄마가 보니까". 그래서 나는 그게 걱정돼서, "너를 믿지만 혹시나 해서 그런 걸 사전에 없게 하기 위해 너한테 물어보는 거니까 혹시라도 그런 거 있으면 얘기하라"고 그랬을 때 걔가 그거에 증거를 대는 게 "중학교 때 애들보다 훨씬 착해요. 이상해요, 엄마. 중학교 때 애들이 더 어려서 더 착해야 하는데 안 그래요. 고등학교 애들이 훨씬 착해요" 이런 얘기들, "엄마가 생각하는 일은 절대로 안 일어날 애들이에요" 이러고…. 걔가 그러면서 중학교 때도 방학 때 "학교 가고 싶어요" 이런 애가 아니었거든요. 그런데 고등학교 가서는 방학, 첫 방학부터 "엄마 나 학교 가고 싶어요" 이러는 거예요. 그래서 그걸 믿었어요, 제가.

면담자   행복한 학교생활을 했네요.

성호 엄마   그랬던 거 같아요.

면담자   아주 친했던 친구들, 고등학교 와서 만난 친구들도 많았지요?

성호 엄마   있죠, 있고. 그런데 대부분은……. 생존자 아이는 제가 아는 아이는 하나고요, 친했던 아이 중에는 하나가 있고요. 저도 걔를 못 만나봤고요. 고등학교 와서 친했거나 아니면… 음… 고등학교 와서 친한 애였구나. 그리고 대부분의 친했던 애들은 고등학교 와서 친했어도 대부분 희생됐어요. 그래서 '누구랑 친했구나'요 정도만 아는 거고, '아… 그 엄마, 아빠가 누구구나' 요런 것만 알죠. 그리고 성호랑 완전히 오랫동안 단짝처럼 친했던 애들은 부모들도 달라요, 성향들이. 이기적인 게 없는 사람들….

면담자   부모님들은 보세요?

성호 엄마   네. 보는데, 부모들도 되게 순해요(웃음). 튀지도 않고 되게 순하고.

면담자   성호랑 친한 부모님 중에도 적극적으로 활동하시는 분들 계세요?

성호 엄마   네, 많아요.

| 면담자 | 누구랑 친했어요? |

성호 엄마　영만이랑도 굉장히 많이 친했고요. 민성이 아주 많이 친했고… 준형이, 우재 그런 애들 다 굉장히 많이 친했어요. 다 기억은 안 나지만… 창현이 이런 애들 다 기억하죠….

면담자　집에도 자주 오고요?

성호 엄마　제가 직장에 다니기 때문에 집에 자주 온 거는 잘 못 봤고요. 그리고 우리는 형제가 많으니까 형제가 하나 있는 집 이런 데로 많이 모였던 거 같아요.

면담자　학원도 같이 다니고?

성호 엄마　성호는 학원 안 보냈어요, 학원 안 보냈고요.

면담자　고등학교 가서도?

성호 엄마　고등학교 가서도 안 보냈고요. 초등학교 때, 중학교 초 요 때밖에는 안 보냈어요.

면담자　학교 마치면 집에 와서나 방학 때는 뭐 했어요?

성호 엄마　방과 후 학교에서 야자[야간 자율학습] 같은 거 하고.

면담자　방과 후 학습이면 악기나 음악 이런 것도 했나요?

성호 엄마　그런 거는 덜 했어요. 그런 거는 덜 했고 영어나 뭐 이런 것들….

면담자   역사는 어떤 거를 좋아했어요?

성호 엄마   걘 역사는 특히 다 좋아했어요. 전 세계의 역사를 두루두루 다 섭렵하는 아이었고 역사를 아주 재밌어했어요. 그래서 우리나라의 국사 같은 경우도 음… 그게 진실이 아니라는 거, 그게 다가 아니라는 이런 것도 너무 잘 알고 스스로 찾아서… 또 제가 아이들하고 수업을 좀 많이 하는 사람이다 보니까 저도 알아야 되고, 세계사나 역사나 이런 거를 저도 알아야 되고 그런데. 저보다, 저는 포괄적으로 알고 간단간단하게 알고 이런 반면에, 걔가 더 많은 걸 알고 자세하게. 저는 나이가 들어서 공부를 한 거고, 학교 때 공부는 잊고 다시 또 공부를 하고 이러니까 이게 메모리가 오래가지 않아요. 자꾸 잊고 이러는데 얘는 제가 가물가물해서 물어보거나 이러면 쫙 펼쳐서 얘기를 해줘요. 그러면 오히려 책 찾는 것보다 훨씬 더 자세하기도 하고 더 빠르기도 하고 이렇게….

면담자   문과를 다녔잖아요. 아무래도 반에 여학생이 많지 않아요?

성호 엄마   같은 반이 아니고요. 여자 반, 남자 반이 따로 있었고요.

면담자   이성 친구는 따로 없었어요?

성호 엄마   어… 성호는 이성이 막 그렇게 그런 것도 별로 없는 애예요. 그래서 이성은 한 번 사귀어봤고요. 지를 좋다고 쫓아다니

성호 엄마 정혜숙

는… 그래서 사귀어봤고, 근데 지가 좋아서 사귄 게 아니다 보니까 오래 가진 않더라고요. 그리고 걔는 밀당하기 위해서 이렇게 했던 것들을 알면서도 탁 던져버리더라고요. 그러고서는….

면담자 어머니한테 그런 것들도 자주 얘기했어요?

성호 엄마 자주 얘기는 안 했어요. 하도 얘가 남녀관계도, 사귀어보지도 않고 이러니까 "너는 언제 사귀어보려고? 그렇게 무관심하고 그렇게 저기 하면 안 된다. 사람은 알아야 되는 거다. 만약에 나중에 사제가 되도 남녀관계나 이런 것들을 경험이 있어야 되고 알아야 된다"고. "너무 모르면 [안 된다] 그런데 이게 진도나 이런 것들의 관계, 요거를 잘해야 되는 거지. 남녀의 심리가 어떤지 이런 것도 모르고 그리고 살면 사제도 못 한다" 이런 얘기를 했었죠. 많이 했는데, "저는 관심 별로 없는데요".

이러다가 중3 때쯤에 관심이 생긴 거 같아요. 그 친구도 관심만 있었고요. 고백도 못 하고 이러고 있다가 고등학교 가서, 고등학교 1학년 때 고백을 한 번 했던 거 같아요. 고백도, 고백이 아닌 고백을 바보처럼 했었는데 그 친구는 이미 다른 친구랑, 대시를 빨리 잘하는 애들이랑 사귀게 된 거죠. 그다음인데 얘가 먼저 정보를 못 받고 그러면서 그랬던 거 같아요. 그래서 그냥 마음으로 짝사랑을 좀 해봤고요. 한 번 한 친구를 해본 거 같고. 그러고서는 성당에서 후배 친구가 좋다고 계속 따라다니니까 한 번 사귀었다가 그렇게 매몰차게 그랬던 거 같고, 그랬어요. 그러고는 사제가 되겠다고 굳

히고는 그런 거 저런 것도 별로 없었죠.

9
수학여행에 관한 이야기

면담자   2학년 돼서 수학여행은 결정이 됐잖아요?

성호 엄마   아뇨, 1학년 때. 1년 전에 결정하거든요.

면담자   그때 부모님들한테 설문조사 했었죠?

성호 엄마   예, 예. 그랬죠.

면담자   어떤 절차라든가 장소라든가 이런 거에 대해서 어머니들 논의를 많이 하시고…

성호 엄마   아니요. 코스는 1안, 2안, 3안 이런 식으로 얘기가 나왔었고요. 얘기가 아니라 공문이, 안내문이 한 장 왔었고요. 거기에다가 이동에 관한 거 그런 게 왔었는데, 그렇게 해서 체크 하게끔 해서 했는데, 부모님의 희망과 아이의 희망이 따로 있었고요.

면담자   따로 적도록 돼 있었어요?

성호 엄마   그랬고. 저는 "비행기 타고 갔다가 비행기 타고 와라" 이런 거고 "코스는 가장 재미있는 코스로 가라", "제주도니까 모두가 재밌다고 하면 코스는 상관없다" 이런 거였고, "수학여행은 한 번에 쭉 도는 거기 때문에 깊이 보거나 이러진 못 하니까, 그렇

게 다녀오면 나중에 다시 가서 차근차근 봐야 되는 거다. 그럴 때
는 가족과 함께 가자" 이런 얘기만 했어요. 그런데 아이가 한 이틀
지났나? 와가지고는 하는 말이 "엄마, 저기 배로 갔다가 비행기로
온대요" 이런 얘기[하면서] "배로 갔다가 비행기로 오는 게 더 재밌
대요"[라고 해서] "왜 그러니?" 이럴 때, 제가 그 얘기를 해준 적이 있
죠. 아이는 "'1박 2일'에서 나왔던 불꽃놀이, 저녁에 파티 이런 것들
이 재밌다고 하더라", "선배들도 그렇게 갔다고 하더라", "선생님들
이 그게 너무 재밌다고 그렇게 가라고 권하더라" 이런 얘기들을 했
고요.

저는 아이에게 그런 얘기를 했죠. "위험한 거야. 바다에 그렇게
장시간 있는 거는 위험할 수가 있어. 위험에 노출된 시간이 더 많
아. 그니까 비행기로 갔다가, 짧게 갔다가 많이 보고 더 많은 시간
더 많이 여행하고 그러고 오는 게 더 좋아" 그랬거든요. 그랬더니
"비행기는 더 위험하잖아요. 비행기도 위험하잖아요" 이런 얘기를
했어요. "그래, 위험하긴 교통수단은 다 마찬가지야. 위험 확률이
줄잖아" 이런 얘기를 했었고, 그랬던 거는 기억나요. 그런데 선생
님들이 그거를 아이들에게 권했어요. 선배들도, 애가 와서 하는 말
이 그랬거든. "선배들도 배타고 가는 게 제일 재밌었대요".

면담자　　　전해에 그렇게 갔었다고 하던데요.

성호 엄마　　　네, 아… ○○도 △△는 그렇게 갔어요. △△가 또
한 말이 "엄마, 우리도 갔다 왔는데 그렇게 갔다 와서 재밌었어".

개가 그렇게 얘기를 했고, ○○는 비행기 타고 비행기로 갔다 왔고요. △△는 그렇게 얘기를 했고, 성호는 "선생님들도 그렇게 가는 게 재밌대. 선생님들도 그렇게 가는 게 더 재밌대".

면담자   최종 결정이 난거는 언제예요, 1학년 때 결정이 된 거예요?

성호 엄마   1학년 때 그렇게 해서 아이들 결정이 더 많았겠죠. 그렇게 선생님들이 아이들에게 팁을 줬고 그렇게 결정이 난 거죠. 제가 그래서 뭐라고 막 했죠, 그때는. "그래도 야, 아무리 그래도 많이 가서 보는 게 좋지 배위에서 뭘 그렇게, 배위에서 바다에서 오래 떠 있는 게 뭐가 좋니?" 이렇게 얘기했던, 그랬던 기억이 있어요. 그런데 아이들이 하겠다는 걸 그리고 모두가 그렇게 하겠다고 결정한 걸 "다시 바꿔" 이럴 순 없었던 거죠. 이런 걸 생각도 못 했고.

면담자   수학여행은 2학년 때만 가는 거잖아요. 1학년 때는 소풍갔어요?

성호 엄마   1학년 때는 저기도 갔었고요, 여름에 그 태안.

면담자   태안에 봉사활동을 간 거예요, 아니면 놀러 간 거예요?

성호 엄마   학교에서 그 뭐라 그래… (면담자 : 수련회? 캠프?) 캠프식으로, 임원 캠프. 애들 앞에 나서는 애들 요런 애들 해가지고 학교에서 보냈던 거 같아요. 그래서 그때도 갔다 왔고.

면담자 그때는 버스 타고 며칠 자고 왔어요?

성호 엄마 잘 기억은 안 나… 그렇죠. 그렇게 해서 해병대캠프도 갔다 온 적 있고, 그거 아니고도 그렇게 체험학습으로 갔다 오고 이런 것들.

면담자 그전에도 계속 숙박을 하고 오는 게 있었네요, 학교에서.

성호 엄마 콘도 같은 데 가서 숙박하고 오는 거 있었죠.

면담자 특별히 학교에서 가는 거니까.

성호 엄마 네. 단체 활동이니까… 그랬죠.

면담자 수학여행 가기 전에 성호는 뭘 준비했어요?

성호 엄마 처음에는 가고 싶어 했는데 그때가 사순시기였고 성삼일이라고 교회 전례력으로 굉장히 중요할 때, 부활절을 준비하는 그때라서 애가 고민을 좀 했어요. 수학여행도 가고 싶고 이것도 안 하면 안 되겠고. 이제 복사를 서면서 신부님 시중을 들잖아요. 근데 그런 일을 하는 애들이 요새는 많지 않아요. 그리고 그렇게 큰 예식을 할 줄 아는 애들도 많지 않아요. 그니까 늘 맡아서 하던 거가 있으니까, 하필이면 그때 딱 걸려서 '안 갈까, 갈까?' 고민을 좀 많이 했었죠.

그래서 "안 가도 돼" 이렇게 얘기를 하기도 했고, 그래도 먼저는 제가 "수학여행이 고등학교 추억에서 제일 큰 건데 그게 없어도 괜찮겠니?" 하고 물은 적도 있고. 그리고 학교 가서 친구들이 "너 안 가면 재미없잖아. 같이 가야지" 이러면서 그렇게 독려한 것도 있고, 이래서 결정을 수학여행 가기로 얘기를 했고, 신부님한테 가서 얘가 "제가 수학여행을 가게 돼서, 못 해서 미안하다"고 "그렇지만 신부님, 그날 금요일 날 돌아와서 저녁에 부활성령미사를 꼭 하겠다"고 신부님한테 얘기하고 그러고 갔죠.

그러고 갔는데 준비한 거는 별로 없었어요. 미리 막 준비 하지도 않더라고. 어디를 가거나 그러면 먼저 설레어하고 아침 일찍 일어나고 이러는 애예요. 그런데 이상하게 그렇게 준비도 잘 안 하고 그냥 누나가 옷 사다주니까 좋아했고요. 그다음에 집에 있는 캐리어를 꺼내니까 이게 왜 자크가 좀 집혔는지 잘 안 되더라고요. 그래 가지고 다시 사러 갔어요. 제가 그날 저녁에 사러 가가지고, 사다가 주니까 또 좋아했죠.

그리고 그다음 날 이상했었어요. 준비를 해서 지가 막 쌌고, 그다음 날은 이상했던 게 아침에 늦게 일어나는 거예요. 이상하게 출발하는 날 15일 날에 늦게 일어나는 거예요. 그래서 기다리다가 제가 가서 깨우고 "너 웬일이야, 왜 안 일어나?" 막 이랬더니 슬그머니 일어나더니 뭔가 정신 나간 것처럼, 정신이 또렷또렷하거나 급하게 준비하거나 이런 게 없어요.

그러면서 앉아서 밥도 다 먹어요, 밥 차려주니까. 그 시간에 늦으면 그냥 가는 애거든요. 근데 밥을 또 다 먹어요. 그러더니 엄마

한테 "다녀오겠습니다" 이러면서 뽀뽀 한 번 해주고 그러고 가는
데, 뭔가 이렇게 왜 천천히…. 그래서 제가 보내놓고 너무 급하고
그러니까 "너 왜 그래, 너 무슨 일이야? 안 그러던 애가, 어디가면
너무 일찍 일어나서 설레서 그러는 애가 왜 그래?" 이러는데 대답
이 없어요. 그러더니 잘 갔다 오라고 했는데도 천천히 가는 거예
요. 그게 다예요.

　그러고 조금 있다가 학교에 갔어도 갔을 시간인데, 버스타고
가면 15분밖에 안 걸리거든요. 갔어도 갔을 시간인데, 제가 출근
준비하고 있는데 선생님한테 전화가 온 거예요. 8시가 넘었어요.
8시까지 가는 건데 선생님이 하는 말이 "어머니 성호가 출발했어
요?" 이러고 하시는 거예요. "네. 벌써 갔어도 벌써 갔을 건데요" 이
랬더니 "아, 그래요?" 이러면서 "잘 다녀오겠습니다. 무사히 잘 다
녀오겠다"고 아주 씩씩하게 선생님이 인사하고 했는데… 음, 걸어
간 거 같아요, 성호가 이상하게. 걸어가지 않으면 그렇게 늦게 갈
리가 없거든요.

면담자　　　나중에 통화하지 않으셨어요?

성호 엄마　　못 했어요. 걸어간 거 같고, 뭔가 꿈꾼 거 아닌가 그
런 생각이 들고요. 그러고 나서 저녁에 ○○가… 제가 전화를 못
받았어요. 그날 왜 그랬는지 굉장히 피곤해 가지고 일찍 잤어요.
잤는데, 엄마를 좀 깨우지… ○○가 전화를 받은 거예요. ○○가
전화를 받아가지고 "잘 갔다 오겠다"고 "안개 껴서 집으로 돌아올

거 같다"고 해서 그랬고, 그다음에는 "그냥 떠나게 됐다"고 "잘 갔다오겠다"고 그러면서 엄마랑 통화를 못 한 게 되게 안타까운 것처럼 그랬다고 해요. 그럼 "엄마를 깨우지. 너 엄마를 안 깨웠냐"고 이랬죠. 그러고서는 통화를 했다고 그러니까 밤에 통화하기 그렇고 그래서 놔뒀거든요. "그래, 알았어" 그러고서 이제….

면담자   그게 15일에 출발하기 전에?

성호 엄마   출발하기 전에, 출발하면서… 배에 탔다고.

면담자   아침에 버스로 출발해서 인천에 간 거잖아요, 아니었어요?

성호 엄마   아니에요. 오후에 간 거예요. 학교수업을 마치고 오후에.

면담자   15일에 일과를 다 하고 나서.

성호 엄마   일과 다 하고 그러고 간 거예요. 교복도 그 안에 있고 캐리어 안에 책도 거기 있고. 왜냐하면… 제가 뭐라고 했어요. "아니, 니네는 시험 며칠 놔두고 뭐 하러 지금 가냐"고 "시험 끝나고 편안하게 가지. 참 선생님들도 이상하다" 이렇게 얘기를 애한테 했던 게 있죠. 책도 아마 한두 권은 들고 간 애들이 좀 많을 거고.
          근데 그 전에 제가 꿈을 꾼 게 있었어요. 한 열흘이나 보름 전에 꿈을 꿨었는데 꿈이 좀 그랬어요. 무슨 꿈이냐면, 우리 집이에요. 우리 집인데 집이 이상하게 컴컴한 거예요. 가재도구가 하나

도 없는 거예요, 다 비었어요. 모르는 사람들이 있어요. 애들도 하
나도 없어요, 우리 가족이 하나도 없어. 근데 이상해 가지고 "여기
왜 이래요" 하고 이랬는데, 사람들이 대꾸를 안 해주는 거예요. 웅
성웅성… 막 이래요. '아, 이상하다'. 돌면서 성호랑 ◇◇이랑 쓰는
방을 열었어요. 거기도 그래요. 없었어요. 비어 있는데, 이렇게 창
문이 있거든요. 창문 밖을 보는데 창문 밖이 바로 산이에요. 산이
라서 공기가 굉장히 좋거든요. 그런데 산이 쫙 펼쳐져서 있는데
산 밑으로 쭉, 그니까 창문 바로 옆이죠. 쭉 이렇게 산소가 있는 거
예요.

면담자   원래 산소가 있어요?

성호 엄마   없어요. 없는데, 다른 건 다 똑같은데 산소가 없던
게 있는 거예요. 하나만 있는 게 아니고 여러 개가 쭉 있는 거예요.
'웬 산소가 이렇게 많아?' 제가 그러면서 유리 창문을 넘어서 나왔
어요. 이렇게 봤는데 너무 많은 거예요, 산소가 쭉 즐비해 있고. 그
런데 이상하게 산소가 다 파였어요, 위에가. 위에 봉이 다 파였어
요. 빈 산소인 거예요. '어? 이상하다'. 다 비어 있는 거예요.

  '이상하다' 이러고 있는데 저 끝에 쯤에 산이 이렇게 끝나는 지
점, 끝나는 지점에 동사무소가 있어요. 동사무소까지 다 보이는데
거기까지 쭉 있고 산소가 있고, 그다음에는 마을이 있고 그다음에
는 넘어서 산이에요. 저기처럼 산이 보여야 하는데, 마을 넘으면서
바로 산이 보여야 되는데 이상하게 산이 없고요. 그 자리에 바다가

있는 거예요. 바다가 쭉 펼쳐져 있는 거예요. '이상하다. 저기 분명히 산이 있는 자린데 왜 바다지?' 이러면서 이상하다 하고 꿈을 깬 거예요.

그리고 나서는 제가 인제 '신기한 꿈도 꿨다' 이러면서 '우리 집인데 왜 비어 있는 거지?' 그러면서… 집도 비고 산소도 비고 그런 거잖아요. 그러면서 제가 느낌이, 어떤 생각을 했냐면 '우리 집에 손재수가 올려나? 우리 집에 뭔가 재산상 이런 게 생기려나?' 이런 생각을 한 거예요. '안 좋은 게 조짐이 보이는데 무슨 일이 또 생기려고 이러나?' 이러면서 그랬던….

면담자　　　그게 열흘에서 보름 전이면.

성호 엄마　　언젠지 잘 기억은 안 나요.

면담자　　　잊고 계시다가 계속 찜찜하셨겠어요.

성호 엄마　　계속 찜찜해서… 할 줄 아는 건 없고, 미신 같은 거 잘 안 믿고 이러는데 제가 그냥 인터넷 하다가 생각이 나서 꿈 해몽 들어가서 빈 산소, 빈집 이게 무슨 의미인지 찾아본 기억이 나요. 그래서 거기도 뭐 "손재수가 생긴다" 이런 것들이 나와 있어서 그럴까 봐 걱정을 좀 했던 거죠. 사람이 이렇게 빌 거라고는 생각을 못 한 거예요, 그랬었죠.

10
마무리 인사

면담자   다음 구술에서는 4월 16일, 학교에서 모여서 진도 팽목항에 내려가는 것부터 이야기를 듣도록 하겠고요. 오늘은 여기서 마치겠습니다.

성호 엄마   고생하셨습니다.

면담자   저도 너무 성호에 대해서 잘 알게 되어서 좋은 시간이었어요. 수고하셨습니다.

성호 엄마   감사합니다. 수고하셨어요.

2회차

2015년 9월 8일

1
시작 인사말

면담자   본 구술증언은 4·16 사건에 대한 참여자들의 경험과 기억을 기록으로 남김으로써 이후 진상 규명 및 역사 기술에 기여하고자 합니다. 지금부터 정혜숙 씨의 증언을 시작하겠습니다. 오늘은 2015년 9월 8일이며, 장소는 안산시 단원구 글로벌다문화센터입니다. 면담자는 장미현이며, 촬영자는 김혜원입니다.

2
사고 소식을 듣고 진도로 내려가는 과정

면담자   어머니 4월 16일 날 소식을 접하시기 이전에 어떤 상황이었는지를 먼저 말씀해 주세요.

성호 엄마   밤에 아이가 배가 지연됐다고, 집으로 돌아올 거 같다고 얘기를 했었기 때문에 '잘하면 안개가 많이 끼고 그러니까 집으로 올 수도 있겠다' 생각을 했고. 오라고, 왔으면 했었고… 그랬는데 배가 떠났다고 하니까, 이미 떠난 다음에 승선하고 출발했다고 하고서 연락이 왔기 때문에 방법이 없었죠. 그냥 잘 갔다 오려니 했는데… (떨리는 목소리로) 아침에 8시 때인가요. 아이하고는 통화를 못 했고요.

아침에 저도 출근 준비를 막 하는데, 이상했던 것은 제가 검은 옷을 입더라고요. 아침에 자꾸 검은 옷을 입는 느낌이 초상집 갈 때 입는 느낌… '내가 오늘 초상집 갈 일도 없고, 왜 이런 옷을 입지?' 이러면서…. 근데 그 옷이 맘에 들었어요. 그래서 입으면서 오늘 '누구 부고 소식이라도 들으려나, 초상집에 가게 되려나?' 왜 그런지 모르게 느낌이 그랬거든요. 그래서 옷을 입고 나오면서 그 생각을 했었는데 출근하면서 인제 택시, 아니다, 운전을 하고 이렇게 가면서 느낌이 뭐였냐면, 꽃이 막 이렇게 떨어지잖아요, 저기 꽃이. 벚꽃이 떨어지는, 흐드러지게 흩날리는 걸 보고 가면서 벚꽃이 많이 바닥에 떨어져 있는 모습, 흩날리는 모습, 이걸 보면서 제가 뭘 생각했냐면 '정말 잔인한 4월이다' 이 생각을 했어요. '왜 4월을 잔인하다'라고 하는지 느낌이 확 와닿고 그랬죠. 그리고 성호는 무사할 거라고 생각했지 성호 일이라고는 전혀 생각을 못 한 거예요.

그래서 출근을 했는데 사람들이 물어봤죠. "아들이 잘 갔냐. 수학여행 잘 갔냐?" 물어보길래 "글쎄, 안개가 끼어서 오라고 했는데 갔더라구. 별일 없겠지" 이렇게 얘기했던 게 기억이 나고요. 그러고 나서 일을 하다가 "단원고등학교, 아들이 단원고등학교 아니냐?"고 물어보는 사람이 있었어요. "맞다"고 했더니 TV 뉴스를 좀 보라고, 인터넷 뉴스 이걸 먼저 보라고 했죠. 그래서 봤더니 사고 소식이 있었고 단원고라고 했고, 그걸 보고 너무 깜짝 놀라서 TV를 틀었고. TV를 틀었는데 물 밖으로 뛰어내리거나 이런 거는 없는데, 9시 4분 정도에 물 밖으로 뛰어내리거나 이런 사람은 없는데, 구명조끼 입고 아이들이 모두 뛰어내렸다고. 그런데 '그렇겠지'

라고 믿었어요. 그렇겠지… 불안했지만 저는 성호를 믿었기 때문에, 성호는 어릴 때도 사고도 있었고, 그럼에도 불구하고 살았던 아이고 특별한 아이라고 생각을 했고, 특히나 오래 살 아이라고 생각을 했어요. 그래서 걔한테는 그런 사고가 나더라도 지나쳐 갈 거고, 목숨을 빼앗아 가거나 이럴 거라고 전혀 생각을 못 했기 때문에 처음에 믿었어요.

　　힘드는데 어찌 됐건 아침부터 준비를 해야 되니까 준비를, 아침 조회 준비를 하고 있는데 계속 거기를 뉴스를 보게 되잖아요. 뉴스를 보는데 9시 20분 정도 될 때 뉴스가 바뀌어버렸어요. "화상환자가 있고 부상자가 있다" 이런 얘기가 들리면서 앞전에 "모두 구명조끼 입고 뛰어내렸다, 전원", "물살도 좋고 날씨도 좋고 물살도 잔잔하고 하니까 특별한 일이 없으면 모두 살 것이다"라고 했던 뉴스가 뒤바뀠잖아요? 그 뒤바뀐 것 들으면서 '다 새빨간 거짓말이겠다'는 생각이 확 들어버렸어요.

면담자　　　처음에 9시 4분에 뉴스를 접하셨을 때는 '구조가 되고 있구나'라는 상황이었나요?

성호 엄마　　　네. 전원 물속으로 뛰어내렸고 어선들이 와서 구조하고 있고 해경들이 와 있고 이렇다고 하니까 구조될 거라고 믿었죠. 그리고 커다란 선박이기 때문에 그렇게 쉽게 전복되거나 쉽게 물로 가라앉을 거라고 생각을 못 했어요.

면담자　　　바로 학교로 가셨어요?

성호 엄마   아침 조회 준비를 했고요. 그러면서 9시 20분에 그 뉴스를 접하면서 일을 다 내팽개치고 그냥 학교로 뛰게 된 거예요.

면담자   그때 어머니 먼저 가시고 아버님과는 연락이 어떻게?

성호 엄마   제가 그날 핸드폰 안 들고 갔어요. '가면 있겠지, 아니면 오겠지'. 사람이잖아요. '뉴스 듣겠지'라고 생각을 했고 학교로 무조건 갔어요. 집에 가서 핸드폰을 들고 가야 되는데 뉴스를 계속 들으면서 집에 갈 여지가 없었어요. 집에 가서 핸드폰 들고 학교로 뛰어가고 이런(한숨) 시간적인 여유가 없다는 생각을 했고요.

그래서 학교로 무조건 무작정 갔는데, 가는 중에 헬리콥터에서 구조된 아이, 여자아이가 막 이야기하는 거 이런 거 듣고 그러면서 '아니, 구명조끼 입고 전체가 다 뛰어내렸다고 했는데 헬리콥터로 또 구조했다는 건 뭔 말이야?' 말이 안 되는 거야. 앞뒤가 안 맞고 말이 안 되는 걸 보고 듣고, 아니 본 게 아니라 들으면서 이건 미친 짓이라는 생각이 들었고요. 이런 일은 있을 수 없다고 생각이 들었어요. '이게 무슨 조작인가, 이게 뭔가…' 왜 앞뒤가 안 맞고 순리에 안 맞는 일들이 벌어지는지 그것에 너무 놀랐고요. '제발 살아 있기를…' 그러면서 학교에 갔고, 학교에 가는데 놀라웠던 거는 학교로 올라갈 때 기자들이 너무 많았어요. 이게 대형 참사가 아니면 기자들이 그렇게 많을 거라고 생각을 안 했거든요.

면담자   그러면은 학교에 도착하셔서 올라가실 때 이미 '사고가 났구나, 사달이 났구나' 이런 생각을….

성호 엄마   네. 그때는 확신이 들어버린 거죠, 기자들 보면서. 운동장에 차를 놓을 수도 없고 학교로 올라갈 수도 없고 빽빽하게 이미 벌써 차가 다 차 있고(한숨), 그리고 그 학교 언덕 위에 산이, 언덕 위에도 주차장이 있는데 거기도 빽빽해서 몇 바퀴를 돌면서 겨우 한곳에 짱박을 수가 있었거든요. 그러고 내려갔는데 인파가 너무 많은 거예요, 기자들. 아래서부터 저기 강당까지 무지하게 많은데 그걸 보면서 여기에 사고가, 이게 대형 참사가 아니면, 아주 커다란 (떨리는 목소리로) 사고가 아니면 그 현장에 가 있지 여기에 이렇게 몰려 있을 필요는 없거든요.

그리고 연합뉴스나, 뉴스를 사고파는 사람들이잖아요, 기자들이. 제대로 된 기사를 쓰는 사람들이 아니라는 걸 익히 들어서 알고 있는데 여기에 이렇게 많은 걸 보면, 못 들어봤던 온갖 채널들이 다 나와 있는 거예요. 그걸 보면서 '이게 도대체 뭔 짓을 하고 있는 건가', '얼마나 많은 애들을 희생하는 거고 지금 어떤 상태인가' 너무너무 고통스럽고 궁금했고 화가 났고 미치겠는 거죠. 거기 내 자식이 있으니 더 아주 죽겠는 거죠. 그래서 무작정… 다리의 힘이 쫙 풀리는데… 그 모습을 보면서 다리의 힘이 쫙 풀렸어요. 정말 학교 올라갈 힘도 없는데… (떨리는 목소리로) 내 아들을 찾는데(울먹임), 내 자식이 거기 있는데 내가 모르면 안 되니까 학교 강당으로 막 올라갔어요. 애 아빠가 막 소리소리 지르고 있더라고요.

면담자   아, 아버지도 오셨네요.

성호 엄마   차 내달라고, 버스 대절해 놓으라고 소리소리 지르고 있는데… 벌써 브리핑을 한 차례 한 거 같고요. 제가 가니까 "진정하라"고… 선생님들이 앞에서 "진정하라"고, "아이들은 살아 있으니까 걱정 말고 기다리라"고, 진정하라고 이러고 있는데 그때 다른 엄마들이 애들 옷 가지러 간다고 막 나서는 거예요. 강당을 막 나서는 거예요. 제가 들어가고 몇 초 안 돼가지고 막 나서는데 머릿속에서는 생각이, '지금 옷이 뭐가 중요하고 신발이 뭐가 중요해. 마른 게 뭐가 중요해 애가 생사가 지금 문젠데' 아무 부질없는 짓이라는 생각이 들면서, '제발 살아 있어달라'고 이러고 있는데 애 아빠가 오더라고요. 저를 막 위로했죠. 괜찮을 거라고, 성호는 괜찮을 거라고, 성호는 오래 살 애니까 괜찮을 거니까 안심하라고 이러는데 (떨리는 목소리로) 안심할 일은 아니죠.

면담자   그때 학교에서 "전원 구조"라는 문자였는지 잘못된 공표를 한번 했었잖아요?

성호 엄마   저는 핸드폰이 저한테 없었으니까 그것까지 몰랐고요. 전원 구조됐다고 선생님들이 앞에서 계속 얘기하고 있잖아요. 들었고… 기절해서 나가는, 119에 실려 가는 엄마들도 있었고, 소리소리 지르고 울고 난리 나는 엄마들도 있었고….

면담자   그때 기자 분들도 강당 안에 다 들어와 계셨나요? 통제가 안 됐죠?

성호 엄마   네. 들어와서 찍기도 하고 인터뷰하겠다고 이러기도 하고 그랬죠.

면담자   그러고 나서 버스 대절한 걸 타고 내려가셨죠?

성호 엄마   애 아빠가 더 소리 지르고 다른 아저씨랑 소리 지르고 하면서 빨리 재촉을 하는 거예요. 그래서 그것 듣고 일단 나가자고, 밖으로 나가자고 그래서 교문 밖으로 나가서 교문 밖에 제일 맨 앞에 버스 기다리는 줄을… 제일 앞에서 애 아빠가 설치니까 제일 앞에 섰고 사람들이 뒤로 쭉 섰고, 그 와중에도 집으로 가는 사람들이 많았죠. 애들 옷 가지러, 마른 옷 가지러 간다고 갔고…. 근데 차가 안 오니까 그 생각도, '핸드폰 가지러 집에 가야 될까, 말아야 될까?' 집에는 애들이 없죠. 학교 갔고 학교도 다 멀고… 핸드폰이 문제가 아니라고 생각을 해서, 그냥 애 아빠 핸드폰 있으니까 거기에 의존을 하고 기다렸죠. 1시간을 기다렸죠. 굉장히 긴 느낌이었어요.

면담자   차가 올 때까지?

성호 엄마   그동안 애 아빠는 인터뷰도 하고 이러고도 하는데 아무것도 들려오지[들리지] 않았어요. 미친 듯이 기도하는 거 이외에 할 게 없었어요, 미친 듯이 기도하는 거 외에는…. 그리고 다 적 같이 보이는 거예요, 적. 다 마귀 떼들 적같이 보이고, 내 새끼를 죽일려고 장난질하는 거로 보이고 그래서 미칠 지경이었죠.

그러다가 길이 막혀서 차도 잘 못 들어왔을 거예요. 워낙에 길이……. 차가 엄청나게 들어와 있고 이러니까…. 그 좁은 곳을 양쪽으로 차가 즐비하게 서 있고 차가 한 대 빠져나가기도 너무 어려운데 버스 빠져나가려면 차들을 이렇게 비켜서 가야 됐어요. 그래서 버스가 와서 1호차 타고, 몇 호가 왔는지도 모르겠는데 1호차 맨 앞에 타고 무작정 있는데 그 버스를 타고도, 버스가 나가는 것도 힘들고 그니까 애 아빠가 나가가지고 교통정리 해가면서…. 경찰이 앞에 있는데도 교통정리도 안 하는 이 경찰들이 기가 막힌 거예요. 급한 부모들이 나가가지고 교통정리를 하고 이래 가면서 차를 빼가지고 그렇게 갔는데 뒤차가 못 따라오니까 계속 기다리고…(한숨).

그래서 네 댄가 다섯 대가 올 때까지 기다렸는지 네 대가 올 때까지 기다렸는지 해서 일단은 떠났어요(한숨). 떠났는데… 10시, 11시쯤 됐을까? 저는 핸드폰이 없고 애 아빠한테 핸드폰으로 오진 않았고, 학교에서? 교육부에선가? 뭐 교육청에선가? 문자가 왔다고 엄마들이 얘기를 하는데, "나는 몇 개 왔어" 이런 식으로 얘기를 하는데 "전원 구조 완료되었다"고.

면담자　　버스 타고 가는 와중에도 문자가 또 온 거네요?

성호 엄마　　안산을 빠져나가기도 전에…. 그래서 마음을 놓는 부모들도 있었고요. 마음을 놓는다는 게 말도 안 되는 거죠(한숨). 속으로는 막… 너무너무 기가 막히고 너무너무 힘들고 괴로웠어요. 너무 괴로웠지만 기도하는 거밖에 아무것도 할 게 없었고요. 다 부질없는 일이라고 생각을 했고… 차에는 인솔교사를 하나씩

다 태웠어요. 애 아빠가 차마다 인솔교사 타라고 이렇게 해서 인솔
교사를 하나씩 다 태웠는데 그 데이터를[문자 내용을], 제 앞에 그
보조 좌석에 인솔교사 앉아 있으니까 계속 인솔교사를 닦달을 했
죠. 봐달라고, 봐달라고.

성호 엄마   봐달라고. 인솔 교사 핸드폰 데이터에 그 자료에 변
화가 있는지 없는지, 명단이 어떻게 바뀌는지 그거죠. 교사한테는
핸드폰에 데이터가 있었어요. 핸드폰에 계속 연락이, 실시간 상황
을 계속 주고받는 게 있었거든요. 그걸 봐달라고 하는데, 전원 구
조됐다고 그러는데 이게 변화가 없는 거예요. 그러면서 가다가 11시
쯤 됐을 때 "전원 구조되었다"고 TV 뉴스가 나왔죠. 우리 차는 너
무 놀라운 게요, 버스를 타자마자 뉴스 틀어달라고, 텔레비전 틀어
달라고⋯. 텔레비전이 고장 나서 안 된다는 거예요. 말이 돼요? 새
텔레비전인데, 깨끗한 텔레비전인데 오래된 것도 아니고. 그런데
TV가 고장 나서 안 된다는 거예요. 그러면 라디오 틀어달라고, 라
디오도 고장 나서 안 된다는 거예요. 뭔가 지시받은 게 아닌가 생
각이 들었고 말도 안 된다는 생각이 들었고⋯. 이건 영업용차예요,
개인차도 아니고. 영업용차가 관광 시즌이고, 고장 났다는 게 말이
안 되잖아요. 기가 막히고 어처구니가 없었어요(한숨). 믿을 수가
없었어요. 이게 웬 조작이고 왜 저런 일이 벌어지는지가 알 수가
없는 그런 거였고요. 전원 구조되었다고 하는데 우리가 본 건 뭐냐

면 핸드폰 뉴스, 핸드폰 TV 그거였어요.

면담자   DMB[휴대폰으로 볼 수 있는 디지털 방송]로 계속 보시면서 이동하셨던 거예요?

성호 엄마   아빠들, 엄마들 틀어 논 거, 그거 끊어지면서 보면서 이거였어요. 그러니 얼마나 기가 막혀요. 선생님은 데이터만 그것만, 핸드폰 데이터만 켜고 있고, 아니 그것만 보고 그 보내주는 파일 그것만 보고 있고…. 제가 자꾸만 다그치니까 그것도 안 말해줄려고 자꾸만 그러고 있고…. 뉴스 중에 11시 넘어서 MBC 뉴슨가요? 전원 구조되었다고 나왔고 안심하는 부모들도 있었고, 선생님 거로 확인하니까 하나도 변화가 없고 그랬죠.

면담자   버스로 이동하는 중간에는 계속 '새로운 뉴스가 없나' 이런 생각, 의견만 나누면서 이동을 하셨던 거예요?

성호 엄마   뭐가 진실인지 아닌지, [핸드폰으로] TV를 [연결]했고 그걸 소리를 키워가지고 여기저기서 듣고 있었고, 부모들이 안심할 수 있어야 되니까, 부모들이 사실을 들어야 되니까. 팩트가 제일 중요하잖아요. 언론이 어떻게 하든 워낙 조작하는 나라고, 다 중요한 게 아니고 제대로 된 팩트가 중요한데, 선생님 자료가 제일 중요하다고 생각했는데 한 번도 변화가 없으니까 미처 죽겠는 거죠. 그렇다고 아니라고, 뒤에 있는 엄마들한테 이렇게 문자 이거 받았다고 엄마들 안심하고 있는데 "그거 아니야"라고 말할 수도 없는 거고, "믿지 마세요" 이럴 수도 없는 거고, 혼자서 끙끙 앓고 혼자서 정말…. 중요한 거는 뉴스가 다 거짓말이어도 되니까, 애가 살아 있어야 되는 게 가장 중요하니까, 제가 할 수 있는 건 기도밖에 없었어요.

면담자   오랜 시간이 걸렸죠, 도착 하는데 5시간?

성호 엄마   그렇게 빠져나가고 이러는데 거의 7시간 걸렸죠. 엄청 오래 걸렸어요. 제가 9시 45분쯤 학교에 도착했었고 그 이후로 이렇게 되면서 학교에서, 그 강당에서 있었던 시간이 되게 짧았거든요. 짧았음에도 불구하고 한 10여 분 정도 있었나 그래요. 그러고 10시부터 준비하고 줄서고 이랬던 거 같은데, 진도도 바닷가로 데려다줄 줄 알았거든요. 바닷가가 아니고 진도체육관으로 올라가는 거 보면서 너무 기가 막혔어요. 그때 딱 느낌은 '고립된다'는 생각….

면담자   처음에 들어갈 때 그런 생각이 드셨어요?

성호 엄마   네. 바닷가로 가면 그래도 고립되는 거라기보다 '사실에 가깝게 가는구나'라고 생각했을지도 몰라요. 근데 산속으로 가잖아요. 산속으로 가는데… 어떻게 산속에 데려다줄 수 있어요? 어떻게 상황실이라는 곳이 산속일 수 있냐고.

면담자   그 전에 뉴스에서 전원 구조가 오보인데 계속 나왔잖아요?

성호 엄마   그 이후로 30분 후 정도부터는 계속 뒤바뀌었죠(한숨). 그러면서 '악마 같은 놈들'이라는 생각밖에 안 들었고, 악도 이런 악이 없을 거라는 생각이 들었어요. 어떻게 어린아이들을, 우리가 아직 보호해야 할 아이들이고 공교육에 맡긴 아이들, 국가가 책임졌어야 될 아이들인데 '국가가 어떻게 이런 짓을 해?' 언론플레이를 이렇게 할 수 있는 정도이고 뒤바뀔 수 있는 정도이고 이러면 국가가 하는 짓이지 이게 아무나 할 수 있는 짓이 아니라고 생각했기 때문에, 제가 머릿속에 떠오르는 거는 그런 것들이었어요. '다 국가 폭력에 희생되었던 것들' 이런 것들이 떠오르는 거예요. 그래서 너무너무 힘들었고요. '하필이면 왜 내 새끼여야 되는지', 이 어리고(잔기침) 책임져야 될 게 아무것도 없는 아이, 이런 아이들이 왜 이런 일을 겪어야 되는지'(한숨) 분노할 수밖에 없었어요. (흐느끼며) 11시 반 정도에 뉴스가 뒤바뀌면서부터는, 속에서 그 분노는 (한숨) 어떻게 말해야 되지⋯ '보자기로 싸서 죽여버려야 될 사람들⋯, 악마들의 하수인들, 다 쳐 죽일 놈들' 그 생각밖에⋯ 그 생각이 제일, 그 분노가, 그 배신 말할 수 없었죠. 너무너무 기가 막혔고요. 〈비공개〉

면담자   어머님은 국가 폭력에 의한 희생을 가장 처음 떠올리고 분노를 느끼셨네요.

성호 엄마   저희 아버지가 그렇게 민주화를 위해서 노력하려고, 어쨌든 소시민으로서 민주화를 만드는 데 기여하려고 애를 썼던 그런 분이고, 커다란 일은 안 했어도 깨어 있던 분이고 이래서.

면담자 그런 얘기를 많이 하셨어요?

성호 엄마 어릴 때부터 많이 들었죠. 잘못된 거 얘기 많이 들었었고(한숨), 학교 다니면서 선생님들이나 교수님들 다 그렇게 들었었던 거 익히 알고 있었고. 사회에 이런 문제에 대해서, 인혁당[인민혁명당] 사건이니 4·3사건이니 그전에 오래된 사건들부터 연좌제니 이런 것들 다 듣고, 정확하게 몰랐고 정확한 실태는 몰랐어도 익히 알았던 것들이기 때문에 얼마나 잔혹한 사회인지, 권력을 잡기 위해서 얼마나 더럽게 사회를 이끌어갔었는지 이런 것들을 어느 정도는 알았고…. 특히나 성호가 역사를 굉장히 좋아했던 아이고 저보다도 더 자세하게 아는 아이었어요. 그리고 직업이 아이들하고 그런 이야기를 나누는 직업이다 보니까 사회 문제, 이슈 이런 데는 자세하진 않아도 대략적으로는 알아야 아이들하고 얘기가 되고 이렇게 때문에 사회사상이라든가 이슈가 되는 것들, 이런 것들은 이미 대략적인 것들을 많이 알았었던(한숨) 사람이었으니까….

애 아빠도 저보다 사회 이슈에 [대해] 자세하게 알거나 이런 건 없었지만, 알았죠. 문제가 이렇게 돼가고 풀어가는 과정이 이상하고, 그런 거에 대해 알았죠. 뉴스가 점점 뒤바뀌고 이러면서 우리가 그 버스 안에서 생각한 건 '300명 정도가 사라졌다'예요. 인근 섬에 192명이 가 있고, 뭐 일부 섬으로 가 있을지 모른다고 기자들이 이상한 소리 떠들고 이랬지만, 그리고 또 뒤바뀌고 뒤바뀌고 이러는 걸 보면서 부모들이 추측할 수 있었던 건 그러면 300명이 사라졌다는 얘기. 그래서 애 아빠도 생각을 하고 있었고, 어떤 느낌이 왔는지 뭔지는 잘 모르겠고….

저는 2시 30분에서 3시 사이에 미친 듯이 기도하고 있고 그랬을 때 일단은 저는 '성호를 사랑하는 하느님, 아이들을 사랑하는 하느님, 우리 아이들을 구조해 달라고 생명을 지켜달라'고 기도를 하면서 계속 그렇게 갔었고. 사람들을 보내달라고 얘기를 했고, '사람들이 의롭게 할 수 있도록 악의 편에서 일하지 않도록 해달라'고 계속 기도했었고, '그 사람 마음들을 바꿔달라고, 지금 안 되고 있으니까 마음들을 바꿔달라'고 그렇게 기도했었고…. 그게 안 되는 걸 보면서는 '기적을 일으켜 달라고, 기적이라도 일으켜 달라'고 기도했고… '베드로 사도를 물위를 걷게 했던 것처럼 우리 아이들이 물위로 떠오르게 해달라'고…. 그렇게 해서 그게 되지 않는 거를 느끼면서는, 그거는 거기 도착했을 때부터 기도였군요, '온갖 수호천사들이고 성인성녀들이고 그쪽에 다 가가지고 제발 아이들을 다 구조하는 데 힘써달라'고 그런 기도들을 했고….

3
진도로 가는 버스 안에서의 체험

성호 엄마   2시 30분에서 3시 사이에, 2시 넘어서 이제 이런 일이 있었어요. 뉴스가 뒤바뀌고 이러니까 부모들이 갈피를 못 잡고 실오라기 하나 잡을 게 없고 뭘 신뢰할 수 있는 게 없고 이러니까 미쳐 죽겠으니까 상황실로 전화하겠다고 어떤 엄마가 "내가 상황실로 전화해 보겠습니다" 이러는데 제가 그 엄마한테 당부를 했어요. "상황실이면 학교 상황실이면 안 됩니다. 학교 상황실이면 선생님 데이터에 다 나오고 있는데 더 볼게 없잖아요. 진도 상황실 꼭 그 상황실로 연락을 해달라"고 했더니 알았다고 상황실로 전화한다고.

아는 선생님한테 전화를 했는데 제가 보기에는, 그때는 그러려니 했지만 나중에 알고 생각해 봤을 때는, 다급한 나머지 그냥 아는 선생님에게 전화했던 거 같고, 그 선생님은 학교 상황실에 있진 않지 않았나 싶고요. 그 선생님 이름도 모르고 누군지도 모르지만 그랬던 거 같고. 그 엄마가 전화를 해서 "아이들 명단을 알려달라고, 살아 있는 명단을 알려달라"고 했는데 "많아서 어떻게 알려줘야 될지 모른다"고 얘기를 했던 거 같고. 그래서 자기 애부터 물어보고 확인을 했던 거 같은데 "살아 있다"고 얘기를 했고, 그랬더니 옆에서 "나두, 나두" 하면서 "몇 반 누구, 몇 번 누구" 이런 식으로 했던 거 같고. 여기저기서 우후죽순으로 살아 있다는 소리를 들었고, 그러면서 엄마들이 막 애 이름을 부르면서 "하느님 누구 감사합니다", 부처님 찾고 이러고 있는 상황이 연출됐고.

그렇게 시끄러워지고 웅성웅성하고 탄식을 하는 부모에 기뻐하는 부모에 이렇게 했을 때, 애 아빠가 소리를 질렀어요. "애가 살아 있다고 들은 부모들 자중하시라"고 "기쁜 건 아나 다른 사람도 생각해야 된다"고. "다른 부모들 못 들은 부모들 너무 많으니까, 그리고 사실이라는 근거가 확인된 바 없고, 애를 만나기 전까지는 정확하지 않은 거다"고 "그러니까 자중하시라"고 "안 들은 부모들 입장도 생각해야 된다"고. "알았다"고 그랬고.

그러면서 애 아빠가 뛰어가서 자기도 마지막으로 물어봤어요. "2학년 5반 18번 박성호" 이랬는데 그 선생님이 살아 있다고 얘기를 해준 거예요. 근데 그러고 나서 딱 그 소리를 듣는 순간 그 앞전에 부모들이 막 좋아하고 이런 과정을 보면서, 저는 그게 사실이 아니라고 아직 확인된 바 없다고 애 아빠한테 얘기를 했던 게 전데, 딱 2초 정도는요 가슴을 쓸어내리는 거예요. 기쁜 거예요. 기쁨이 확 와버리고 안도감이 확 오는데 근데 그게 근거가 없잖아요.

다시 선생님한테 확인을 하는데 변화가 없는 거예요. 연두색으로 색칠된 애들은 구조된 아이들이고 아무 색깔이 쳐져 있지 않은 아이들은 구조되지 않은 아이들. 선생님은 계속 앞에 데이터를 보고 있고 저도 애들 이름 나올 때마다 선생님 데이터를, 옆에서 잘 보이지 않는 데이터를 보고 있고 그런 와중이었는데, 어쨌든 이걸 믿지도 못하면서도 잠깐의 실오라기 같은 게 오더라고요. 그러면서 다시 선생님 데이터를 봤을 때는 믿을 게 없다는….

면담자   성호는 이름이 여전히?

성호 엄마   여전히 흰색이었어요. 칠해져 있지 않았고 칠해져 있지 않은 아이들이 태반이었어요. 더 칠해져 가는 아이가 없었어요. 그럼에도 불구하고 부모들은 그러고 있는 거예요. 그래서 그때 우리 언니한테서 전화가 왔고요. "성호가 살아 있다는 얘기를 이렇게 들었어"라고 얘기를 했더니 거기선 안도를 하는 거예요. "근데 정확하지는 않어"라고만 얘기를 하고…. 일단은 그러면서 가고 있다고 아직 확인된 바는 하나도 없다고 이러면서 미친 듯이 이게 사실이게 해달라고, 지금 들은 게 사실이게 해달라고 미친 듯이 기도하고 있는데, 갑자기 달리는 차에서. [앉은 자리가] 맨 앞줄이라고 했잖아요. 무엇인가가 오는 느낌이 드는 거예요. 환시도 아니에요. 무엇인가가 이렇게 오는 느낌이 들었는데, 그림자도 아닌 것이 보여지는 것도 아닌 것이 눈을 뜨면 그냥 차 앞이에요. 근데 뭔가가 온다는 느낌, 눈을 감아도 뭔가가 온다는 느낌, 뭔가 서서히 오는 느낌이 있는데, 오더니 앞에 이렇게 검은 물체 같은 게, 그런데 검은 것도 아닌 것이 뭔가가 서 있는 느낌….

근데 느낌이 딱 '성호다'라고 느껴져요, 그냥(긴 침묵). [그 검은 물체 같은 것이] 한참 저를 바라보면서 들(떨리는 목소리로)… 들리는 것도 아니에요. 성호 목소리도 아니에요. 제 생각에서 나오는 목소리. 제 생각에서 들어오는 거 같은 그런 느낌이었는데, 저기예요, 감정도 없어요. 감정도 없는 것이 "엄마 나 괜찮아. 엄마 사랑해" 딱 두 마디였어요. 그러면서 저를 꼭 껴안는 느낌이 들어요(울음). 한참 이렇게 꼭 껴안는 느낌인데, 껴안는 것도 아닌데 껴안는 느낌이에요. 눈 떠도 아무것도 안 보여요. 근데 껴안는 느낌이에요.

번뜩 들어오는 생각이 '마지막 인사 하러 온 건가?'였어요. '그럼 우리 애가…'(흐느낌) 그런 생각이 드는데 받아들이고 싶지 않아요. 받아들일 수가 없어요. 그래서 저는 걔를 안을 수가 없었어요.

개는 저를 꼭 껴안았고. '안 돼, 안 돼. 이럴 순 없고, 이러면 안 돼. 나는 받아들일 수가 없어. 이게 너의 마지막 인사라고 해도 나는 받아들일 수가 없어. 제발 살아 있어줘. 제발 끝까지 살아 있어줘. 돌아와 줘'. 애가 끌어안고 있는데 저는 계속 그렇게 울고 있는 거예요(흐느낌). 한참을 포옹하고 있더니 서서히 풀렸어요. 저는 계속 개를 끌어안을 수가 없었고요. 풀려지는데 저는 개한테 "미안해, 미안해"(흐느낌). 오는 때는 서서히 한참 오는 듯한 느낌이었는데 사라질 때는 순식간에….

면담자　　　가버렸어요?

성호 엄마　　　네, 풀자마자. 제가 미안하다고 나는 받아들일 수 없다고 고개를 절레절레하고 있는데 사라져버렸어요(긴 침묵). 옆에 아빠가 앉아 있는데 차마 그 말을 할 수가 없었어요(침묵 끝에 울음). 그러고 있는데 미친 듯이 또 기도만 할 수밖에 없었죠. 제발 이건 진실이 아니게 해달라고, 이건 그냥 저의 엉터리 체험이게 엉터리이게 해달라고… 그랬죠.

　그리고 났는데 한 30분 훈가, 애 아빠가 그 얘기를 하는 거예요. 뉴스가 자꾸 뒤바뀌고 뒤바뀌고 이러는 걸 보면서 "마음 단단히 먹으라"고. "마음 단단히 먹으라"고. (떨리는 목소리로) "성호는 이 세상에 없을지도, 다신 못 볼지도 모른다"고(긴 침묵). 그런(한숨) 사람한테 그 얘기를 못 하겠어, 그 말이 떨어지지 않고…. 그러면서 진도체육관에 도착하는데, 차가 올라가는데 구급차들이 이렇게 내려오고 있어요. 생존자 아이들을 싣고 가는 거라고, 내려가는 차에. 차들이 엄청 많고 이러니까 차가 올라가면서 서서히 갔어요. 서서히 가면서 구급차 내려가면서 "누구, 누가 가냐고?", "생존한, 구조된 아이들이라"고…. 그렇게 누구냐고 물어봤더니 누구라고 하니까 어떤 엄마가 내 새끼라고 이러면서 내려가지고 그 구급차를 탔어요. 그런 걸 보면서 너무 부러웠죠. 제발 우리 아이도 저렇게라도, 부모들이 막 그랬어요. "다리가 다치고 눈이 멀어도 어디가 뽀개지더라도 뇌가 뽀개지더라도 애만 살아 있어달라고"(울먹이며) 그러면서 도착했는데 그 모양이었어요.

4
진도체육관 도착

성호 엄마　　그렇게 몇 대가 내려가는 거 보면서 체육관에 도착하고 내려서 막 들어갔는데 벌써 와 있는 사람들이 꽤 많더라고요. 부모들도 인근 친척들도 해가지고 굉장히 많이 와 있고, 울음바다고 통곡 소리가 여기저기서 나고 이러고 있는데 제일 먼저 가서 벽보에 붙은 명단 그걸 보러 갔는데, 세상에 학교에서 봤던 명단, 선생님 데이터, 저기 핸드폰으로 봤던 명단에서 하나도 바뀐 게 없는 거예요. 미쳐 죽겠는 거죠. 거기서 제가 학교에 올라갔을 때 다리가 풀렸듯이 엄마들이, 아빠들이 다리가 풀려서 주저앉아서 엉엉 통곡을 하고 땅이 꺼져라 울고 있는데, 저도 그럴 수밖에 그 모습일 수밖에 없는 거예요…. 그러고 엉엉 울고 있는데 앞으로 모이라는 거예요.

면담자 　　　거기 상황실에서?

성호 엄마 　　상황실에서. 해경인지(한숨) 누구들인지 앞으로 모이라고, 부모님들 모이라고 이러는 거예요. 그래서 다급하니까 모였죠. 모였는데 얘기를 하는 거예요. "아이들은 다 구조됐습니다".

면담자 　　　거기 앞에서도요?

성호 엄마 　　그랬다니까요. 그니까 그 말에 부모들이 가만히 안 있잖아요. 아우성치면서 "구조됐으면 어디 있느냐고?" 소리 지르고 하잖아요. "인근 섬에 있습니다. 곧 이곳으로 도착할 것입니다". "그러면 명단 내놓으라"고 그랬더니 "명단은 잘 모릅니다". 막 따지는 거죠. "우리나라가 통신이 얼마나 발달했는데 이게 말이 되냐"고 "거짓말 하지 말라"고 소리소리 지르면서, "어떻게 아직까지도 몇 시간을 오는 동안 학교에서도 봤던 명단에서도 여기 구조된 명단이 그대로고, 애들은 살아 있다면서 어떻게 명단이 안 나올 수 있느냐"고 "말도 안 되는 소리하지 말고 빨리 명단 내놓으라"고. "한 명이라도 있어야 되는 거 아니냐"고 소리소리 지르고 있는데, 구조 상황이 어떤지 이러고 있는데 생존해서 돌아온 사람이 한 분이 일반인분이 씩씩거리고 울고 소리 지르고 이러면서 단상 위로 올라가더니 마이크를 확 뺏어버리는 거예요. 그러면서 "이 새끼들 거짓말 한다"고 "해경 믿지 말라"고 그러면서 막 통곡을 하고 울고 이러는 거예요. 그러면서 "나는 세월호 배 안에서 살아 돌아온 사람이다", 누구라고 얘기를 했어요. 그 사람이 아마 김×× 씨가 아닌가 싶어요. 자기가 세월호 그 위급한 상황에서 살아 돌아와서, 살아 나와서도 아이들을 그때 그 사람은 40여 명이라고 했던 거 같은데. 나중에 기사에는 20여 명으로 나오더라고요. 아이들을 구조했다고 하더라고요.

"1시간여 동안 구조하는 동안 쟤들은, 해경은 지켜보기만 했고 아무것도 안 했다"고, "어떻게 그 골든타임 황금 같은 시간에 사람의 생명이, 아이들의 생명이 왔다 갔다 하는 시간에 저들은 저럴 수 있는지, 인간인지 알 수가 없다"고, "저들은 새빨간 거짓말만 한다"고, "이것만은 부모들이 꼭 아셔야 된다"고(한숨) 이러면서 어린애가 부모한테 보채듯이 그렇게 한탄하면서 "와" 하고 소리 지르고 주저앉고……(한숨). 막 이러면서 그러는데 부모들이… 그때 진실을 안 거잖아요…. 그래서 막 멱살 잡고 소리 지르면서 죽여버린다고….

면담자 앞에 나와서 말씀하셨던 관계자를요?

성호 엄마 해경들. 이리 밀치고 저리 밀치고 맞기도 했었을 거예요. 너무 놀라워서 아무 생각이 잘 안 나요. 근데 그때 [부모들이] "헬기 달라. 우리 눈으로 직접 봐야 된다. 어둡기 전에 헬기 달라, 배 달라. 현장 가서 우리가 목격할 거다. 사람의 생명 앞에 이렇게 구조도 안 하고 아무것도 안 하고 니들을 어떻게 믿냐. 우리가 직접 가야 한다". 그러더니, 죽을 각오로 "처음에는 안 된다고 그렇게 할 수 없다고 권한이 없다고 이러더니, 사람 생명 앞에, 애들 목숨 앞에 권한이 없냐!"고 소리소리 지르고 죽일 거같이 이러니까 "알 겠다"고 했거든요.

그렇게 하겠다고 확답을 받고 그리고 버스 타시라고 이렇게 했어요. 버스 타러 갔죠. 버스를 타고 팽목항으로 가는데(한숨) 시계를 보니까 30여 분이 걸리는 거예요. 세상에 이렇게 떨어져 있는 곳에 상황실이라는 것이 있다는 것이 너무너무 놀라왔어요. 기가 막힌 거예요. 그래서 '정부가 하는 짓이 이거구나. 우리 애들 목숨값 가지고 저들이 뭘 하려고. 우리 애들 어린애들, 아무것도 모르는 애들 목숨값 가지고 저들이 무슨 짓을 하는 거야. 악마 같은 것들이 도대체 뭔 일을 벌이는 거야' 이런 생각이 머리 한가득, 가득 차고…. 살아 있길 바라면서 갔는데, 팽목항에 그렇게 30여 분 만에 도착했는데 너무 놀라운 건 너무 한가한 거예요. 너무 한가한 거예요. 조용한 밤바다, 저녁 바다예요.

5
팽목항에서의 경험

면담자   팽목항 도착하셨을 때가 몇 시쯤이었어요?

성호 엄마   5시 반 정도에 체육관에 도착했고 그렇게 싸우고 나

성호 엄마 정혜숙

서 6시 반도 안 됐죠. 6시 반도 안 됐어요. 그렇게 도착했는데 어둑 어둑해져 가는 팽목항이 너무 조용하고, 구급차 두 대가 다예요. 하얀 천막이 하나 있는 게 다고… 기가 막힌 거예요. 우리가 가니까 그제서 기자들 따라오고 경찰들, 전경들 나오고 이러면서 거기가 위급한 데처럼 그렇게 변해가는 거예요. 그런 걸 보면서 너무 기가 막혔어요. 정말 이럴 순 없다는 거예요. '사람 목숨 앞에 어떻게 이럴 수 있지?'(한숨) 그걸 보면서 부모들이 막 싸웠어요. 걔네들을 태워가지고 거기까지 갔거든요. 관계자들이 갔는데, 왜 배 준비 안 됐고 헬기 왜 준비 안 됐냐고 막 따지는데, 언제 약속을 했냐고 그러는 거예요. "제가 언제 약속을 했어요?" 이러는 거예요. 기가 막히죠. 멱살잡이를 하고 아빠들이 소리소리 지르고 싸우고 한편에서 싸우고 빨리 해달라고 싸우고, 한편에서는 그들과 싸우다가 다른 데로 막 가는 거예요. 인근 사람들 찾으러, 선박을 사서 구조대 구조할 수 있는 사람들, 잠수부들을 사러.

면담자   어부나 다른 배를 구하시려고.

성호 엄마   조용조용 자기네들끼리 얘기하는 걸 보면서 저는 저대로 '나는 기도를 해야겠다'고, '인간이 저렇게 아무것도 안 하고 저렇게 거짓으로 할 때 내가 할 수 있는 건 아무것도 없고 신에게 비는 거밖에 없다'고 미친 듯이 기도를 하러, 제가 어디로 갔냐면 휴게실로 갔어요. 휴게실에서 TV가 나오니까 TV를 보면서 미친 듯이 기도를 하는데.

면담자　　　팽목항에 있는 휴게실이요, 천막이 쳐져 있는?

성호 엄마　　대합실.

면담자　　　팽목항 대합실?

성호 엄마　　대합실 옆에 보면 매점이 있어요, 매점. 휴게소라고 해야 하나? 매점 거기로 갔는데 TV는 크게 나오는데 그 시간에 기자들은 거기도 넘쳐나요. 엄청난 기자들이 있는데 그 기자들은 아무 일 아니라는 듯이, 우리처럼 다급하고 황급하게 놀라워서 이런 사람이 하나도 없는 거예요. 거기는 아…(한숨) 그냥 일상적인 얘기들 애인 만났던 얘기하고 내 새끼, 남의 새끼 죽어가고 있고 배는 거꾸로 되어 있고 이런 상태에서 지 새끼 얘기하고 있고 이러고 있는 거예요. 애인 얘기하고 있고 집안 얘기하고 있고 이런 것들을 보면서, 그리고 밥도 너무 잘 먹는 거예요. 그 사람들은 아무 관계없는 사람들처럼 그렇게 희희낙락거리면서 밥 먹고 있고.

　　그러면서 어떤 사람들은 그 뉴스 보면서 기사를 쓰고 있고, 이런 꼬라지를 보면서 '악마가 따로 없다' 그랬어요. '이건 지옥이다, 이 사람들의 모습이 지옥이다. 이 무관심과, 아무리 기자들이고 아픈 일, 어려운 일 그런 일들을 봐온 사람들이어도 어떻게 이 상황에서 저럴 수 있을까?' [이런] 생각을 굉장히 많이 했고요. 그러면서 저들이 만들어놓은 세상에서 내 새끼들이 죽어가는 저 모습을 바라봐야 되는 이 고통, 그 분노를 정말 잊을 수가 없었어요. 미친 듯이 거기서 한 시간 기도를 했어요.

면담자　　　아버님은 그때 뭔가 계속 요구하시고 행동하고 계셨던 거예요?

성호 엄마　　한 시간 정도 그러고 있다가, TV가 변화가 없는 거예요, 계속. 단 한 명의 국민도 국민인데도 그 생명을 구하기 위해서 최선을 다하는 모습을 계속 보여주는, 근데 깜깜한데 훤할 때 모습을 계속 보여주는…. 이게 현장이라는 생각이 안 드는 '이게 뭐지?'라는 생각이 퍼뜩 들면서 밖으로 나왔어요. 생중계라고 하면서 생중계라고 느낄 수가 없으니까.

그래서 나와가지고는 현장, 아빠들이 싸우는 곳으로 가는데 그때 아빠가, 애 아빠가 절 보면서 하는 말이 "지금 출발한대. 이제 배 내준대" 이러는 거예요. 그러면서 저 앞에 벌써 어선, 사 왔던 배, 잠수부, 그거 사 온 사람들 그 엄마, 아빠들이 일부가 타가지고 떠나는 거예요. "배 내준대" 이러면서 가는데, 저는 애 아빠가 갈 거라고 생각을 했고 그리고 사람들이 갈 거라고 생각하고 잘 갔다 오라고 하려고 부둣가로 막 가는데 퍼뜩 머릿속에 들어오는 생각이 '어쩌면 내 아들 성호가 마지막으로 했던 그 장소를 못 보면 평생 한이 될지 모른다'는 생각, '부모로서 아이가 마지막이었던 장소는 알아둬야 된다'는 생각이 퍼뜩 들어왔어요.

그래서 무작정 배를 탔죠(한숨). 타이트한 원피스를 입고 구두도 이렇게 높은 것을 신고 그 자갈밭을 막 헤매고 이러면서, 배를 타는 것도 너무 힘들었어요. 창피한 것도 모르겠고 어쨌든 배를 타야 되니까 팬티가 보이거나 말거나 쭉 올려가지고 타버리고, 내리고 이러면서 타고서 가는데, 아니 탔는데 내리라는 거예요, 또. "왜 내리냐"고 했더니 부모들이 너무 많이 타서 안 된다고 하더니, 그 다음에는 잠수부들을 먼저 보내야 한다고 내리라는 거예요. 카메라는 저기 여기서 온갖 카메라들이 찍고 하는데 창피한 게 어딨어요. 내리라니깐 할 수 없이 내렸는데, 잠수부들이? 말이 안 되는 거죠. 그 시간에 잠수부들 보낸다는 말이 안 된다는 거죠. 지금 TV에서 본 대로라면 넘치고 넘쳐야 되는 거잖아요, 잠수부가. '이제서야 잠수부 보낸다? 이제서 잠수부를 보내는 그 전략들이 도대체 뭘까?' 기가 막힌 거죠. 기가 막힌다는 생각이 들면서 어쨌든 잠수부는 막으면 안 되니까, 마지막 한 명까지 구해야 되는 거니깐, 우리 애들이 누구라도 살아 있어야 되니까 내렸죠.

다 내리고 났더니 잠수부 여덟 명이 탔어요. 그리고 떠났어요. 그런 거 보면서 아우성치면서 빨리 배 달라고 10분여 만에 배가 왔어요. 왔는데 또 탔어요. 또 타고 애 아빠랑 무조건 사람들 내리라고 하는데도 안 내렸어요. 그냥 타고 앉아 있다가 가게 됐고, 가서 현장을 가는데 50여 분이 걸리는 거예요(한숨). 그렇게 50여 분이 걸려서 갔는데(한숨), 먼저 간 어선 배가 빙글빙글 도는데 부모들이 아우성치는 게 여기까지 들리는 거예요. 그리고 먼저 간 잠수부들은 보이지도 않아요. 그리고 고무보트 두 대가 빙글빙글 나와서 돌기 시작하는 거예요.

면담자   누가 타고 있었어요?

성호 엄마 해경이나 타고 있겠죠, 둘씩 타고 있더라고. 빙글빙글 도는데 세월호가 거꾸로 뒤집혔는데 주변에는 아무것도 없는 거예요. 엄청난 구조 인력이 지금 단 한 명의 국민을 구조하기 위해서라도 최선을 다하고 있다고요? 잠수를 계속하고 있다고요? 말도 안 되는 소리인 거예요. 잠수하고 있다는 표시가 없어요, 하나도 없어. 그냥 이렇게 가이드라인, 주황색 가이드라인 하나 세월호 배 안에 걸쳐 논 거 그게 전부인 거예요. 그것을 보면서, 지금까지 의심하고 했던 것들이 다 사실이구나고 밝혀지는 순간이에요, 내 눈으로 확인이 돼버리는 순간.

부모들이 비명을 지르면서 애 이름을 부를 수밖에 없는 거예요. 다 똑같았을 거 아니에요. 비명을 지르고 소리소리 지르고 탄식을 하고(한숨), 물에 뛰어들어 구조하고 싶고 이랬지만 물을 몰라요, 수영도 못 해요, 장비도 없어요. 너무 이 분노, 내가 살아왔고 내가 세금 내고 살았던 대한민국이 나쁜지를 알았지만 이렇게 나쁜 줄 모르고, 내 자식 목숨 가지고 이렇게 장난칠 줄 모르고…(한숨). 그걸 한눈으로 다 보는데(한숨) 더 이상 살 수 있을 거 같지가 않은 거예요. 같이 여기서 빠져 죽자는 생각이 절로 드는 거예요. 아무도 구조해 주지 않을 거고, 그러면서 제 느낌에 '아까 성호가 왔다 간 거 같은 게 그럴 수밖에 없었구나' 그 생각이 들면서 애한테 미안한 생각, 미안해서 죽을 거 같고 내 목숨 부지하고 있다는 게 너무 미안하고…(흐느낌). 악을 악을 쓰면서…….

반경 100미터 안에는 배도 없었어요. 100미터 밖에 대여섯 대,

작은 배 서너 대, 네다섯 댄가 작은 배가 있고, 123정 정도. 그리고 함대같이 큰 배가 이쪽에 두 대 있을 뿐인데, 해경 함정 쪽으로 배를 빙글빙글 돌다가, 빙글빙글 돌아도 누구도 저지하는 사람 없어요. 잠수를 하고 있다면 잠수부가 위험해서라도 저지를 해요, 물살이 이렇게 일지 않게 하기 위해서라도. 그런데 아무도, 아무도 막지도 않는 거예요. 그걸 보면서 너무 기가 막혀서, 저희가 뭘 했냐면 해경 배에다 배를 갔다가 대고 왜 구조하지 않는지를 따졌어요(한숨). 그랬더니 하는 말이 정조 시간이 아니라서 못 들어갔다는 거예요. 물살이 세서 못 들어갔다는 거예요. 그러면 정조 시간이 언제냐고 물었더니 그 시간이 1시간 반 정도.

면담자   어머니 들어가셨던 그 시간부터 1시간 반?

성호 엄마   그래서 또 1시간 반을 기다리면서.

면담자   배에서 계속 계셨어요?

성호 엄마   네, 그렇죠. 거기를 빙글빙글 돌면서 목 놓아서 애들 이름만 부르면서 미친 듯이 우는 거죠, 부유물이 막 떠다니는데. 그러면서 빙글빙글 돌면서 TV를 켰어요, TV를 켰는데. 이 대한민국은 단 한 명의 생명[이라]도 구조하기 위해서 아이들을 위해서 최선을 다하는 모습을 보여주고, 위험하고 힘든데도 잠수부들이 엄청나게 구조를 하고 있고, 물속으로 목숨 걸고 들어가고 있고 이 모습이 계속 보여지는 거예요. 근데 고개를 돌리면 현장이잖아요. 고개를 돌리면 현장인데, 현장에는 아무것도 없고 개미 새끼도 없고 빙글빙글 뭘 찾는지 떠오르는 애들을 찾는 건지(한숨) 그 짓만 하고 있고….

면담자　　작은 배도 계속 돌고 있었어요?

성호 엄마　　고무보트 두 대가 빙글빙글 멀리 왔다 갔다, 빙글빙글 세월호 근처를.

면담자　　영역 표시를 해놓은 곳 안쪽에 고무보트는 들어가 있었어요?

성호 엄마　　이렇게 걸쳐 있으니까 안쪽도 들어갔다고 보이죠. 밖으로 쳐 있는 게 아니에요. 세월호 위에 걸쳐 있어요. 밖으로 이렇게 쳐 있더라도 우리는 느낌이 '혹시 그물을 밑으로 쳐놓은 거 아닌가?' 이렇게 생각할 수 있었을 거예요. 그런데 세월호 위에 걸쳐 놨으니, '이게 그물인가?' 처음에는 그랬는데 아니라는 거예요. 그런 꼬라지를 보면서 1시간 반을 울고불고 하면서 기다리면서, 저쪽 배랑 같이 어선 배랑 같이 통곡을 하고…. 그리고 기자가 우리 배에 탔어요. 기자들한테 사실을 보도해 달라고 울고불고 당부하고 빌고 엄포도 놓고….

　　그렇게 하고 나서 정조 시간이 다 됐는데 안 나오는 거예요. 해경들이 안 내려와요(헛웃음). 너무 기가 막힌 건 왜 안 내려와, 내려오겠지…, 안 내려와? 그래서 또 그 해경 함대에 대고 아빠들을 올려 보내고 그래서 싸워가면서 억지 춘향으로 내려오는 거예요. 그래서 고무보트에 태우고, 고무보트에 아빠들을 태웠어요. 잠수부

둘, 아빠들 둘. 아빠 한 명인가 두 명인가 생각도 안 나요. 그래서 태워가지고 갔는데, 현장에 들어가는 것까지 봤어요. 갔는데 단 5분도 안 돼서 쪼르르 나와버려. 그래서 한다는 말이 죽을 거 같아서, 물살이 세서 못 들어간다는 거예요. 그러는데 다시 집어 처넣으라고 말 못 하는 거예요.

면담자   들어간 지 바로 얼마 안 돼서 나왔어요?

성호 엄마   단 5분도 안 돼서.

면담자   어머니가 다른 인터뷰에서 별로 몸에 젖지 않은 상태로 잠수부가 왔다고 하셨잖아요.

성호 엄마   그건 새벽에.

면담자   이건 그다음?

성호 엄마   그건 다음이에요. 이건 먼저죠.

면담자   물에 들어갔는데 금방 올라왔다.

성호 엄마   그래서 고무보트 타고 또 저쪽으로 해경 함대로 올라가는 걸 봤어요. 그리고 나서(한숨) 통곡을 하면서 울 수밖에 아무것도 할 수밖에[가] 없고. 이 잔인한 대한민국에 놀라웠고요. 잔인해도 어떻게 이렇게 잔인할 수 있을까? 그래서 빙글빙글 도는 거 외에 아무것도 할 수가 없어서, 아무것도 할 수도 없는 부모들이 아이들에게 미안하다고 그렇게 통곡하면서… 다시 돌아가자고. 아무것도 우리가 할 수 없으니까 우리가 할 수 있는 일들을 하자. 아이들은 살아 있을 수 있다. 저렇게 큰 배는 에어포켓이라도 있을 수 있다. 어쨌든 단 한 명이라도 구조해야 하고 내 새끼가 아니어도 구조해야 하니까 일단은 팽목항으로 가자고 그래서 돌려서 오는데, 돌려 오는 마음이 어떻겠냐고요.

그래서 돌아와서 이를 악물고 책임자를 찾았어요, 총책임자. 이리 찾고 저리 찾고 찾으면서 총책임자를 찾았더니(한숨), 진도파출소 소장인 거예요. 그 전에 우리가 들어오고 나서 바로 다른 배들 준비한다고 했었고, 나가야 할 부모들을 이렇게 쫓아내고 하다가, 그런 와중에 우리가 파출소 소장을 붙잡고 어떻게 하고 있는 건지, 왜 당신이 총책임자여야만 하는 건지, 무얼 할 수 있는지, 저 위의 상부는 지금 뭘 하고 있는지 [물어봤는데] 퇴근하고 아무것도 못 한다는 거예요.

면담자　　그분이 나와서 그렇게 말씀 하셨어요? 진도파출소 소장님이요?

성호 엄마　　위에 연락이 안 된다고, 다 퇴근했나 보다고. 그런 기가 막힌 소리를 들으면서 왜 TV에 거짓말을 내놓느냐고, 멱살 잡고 할 수 있는 게 아무것도 죽일 수도 없고, 아무것도 할 수 있는 게 없어요. 아, 그때 1시경인가? 조금 있다가 1시경쯤에 경기도 도지사가 온다고, 김문순지 경기도 도지사가 오는데 그 낯판때기 보면서 우리 경기도 사람이라고 우리 안산 사람이라고, 안산 경기도에 속하는 경기도 사람이라고, 당신 애들을 구조하는 데 최선을 다

하지 않으면 경기도에 발도 못 붙이게 하겠다고 별소리를 다 해도 "네, 네". 앞에서는 "네, 네". 당신이 어떤 일을 어떻게 하는지 지켜 보겠다고.

국민의 목숨이 이러는데 퇴근했다 소리가 들리고, 국회의원들 은 찾아오지도 않고 있고, 언론은 이렇게 거짓 조작으로 거짓말만 하고 있고, 밤새 노력을 하더라고, 조작된 노력을 그렇게. 그 TV를 보면서 TV를 박살내고 부숴버리고 싶고… 그 TV 부숴버린다고 다 른데 TV가 안 나오는 것도 아니고, 기가 차고 아무것도 할 수 있는 게 없고…. 조명탄이 뭐 3000개가 터지고 얼마고 배가 120 몇 척이 떠 있고, 거짓말 다 거짓말이고 조명탄 우리가 갔을 때부터 떠 있 는 게 한 서너 개 떠 있는데, 그 이후로 터뜨린 게 한 세 개 정도가 터뜨리고.

근데 저러고 바닷가에서 울고불고 성호한테 목 놓아서 울면서 성호한테 말 걸면서 하는 말이 "저들을 용서하지 말라". 그리고서 느껴지는 건 뭐냐면 '도대체 내 새끼 목숨, 저 어린 애들 목숨값으 로 무슨 짓을 하는 건가, 어떤 놈이 어떤 짓을 하는 건가? 3000개의 조명탄, 500명의 잠수부, 몇백 척의 배, 그 돈이 어떤 놈이 지금 청 탁하고 있거나 어떤 놈이 지금 잠식해서 처먹고 있거나, 어떤 놈 배 불리려고 저 짓을 하나. 어떤 놈일까…'를 생각할 수밖에 없었 어요.

어떤 놈일까를 생각하면서 '국가 폭력을 할 수 있는 놈이 누굴 까'를 생각할 수밖에 없었어요. '국가 폭력으로 이렇게 국민을 죽일 수 있는 놈이 과연 이렇게 커다랗게 거짓말을 하면서 전 국민을 속여가면서 할 수 있는 놈들이 누구일까?' 그걸 생각할 수밖에 없었어요. 그리고 좁히고 좁혀서 내가 생각했던 거, 예전에 인혁당 사건부터 내가 알아왔던 사건들, 그걸 보면서 느꼈던 거, 이것들이 다 머릿속으로 올라오는 거야(한숨). 그러면서 '정신 똑바로 차리고 이제부터는 저놈들과 싸워야 되는 거구나. 이제부터는 그들이 갔던 길을, 그 피비린내 길을 평생을 걸고 가야 되는 거구나' 그 생각을 했어요.

그러고 나니까 새벽에 막 천막이 쳐지기 시작하는 거예요. 여기저기 천막이 쳐지기 시작하는데, 다 뜯어버리고(한숨) 내 옷마저 뜯어버리고 싶지만, 그래봤자 해결되는 게 하나도 없고 저 권력이라는 저 악마들은 아무것도 눈썹 하나 까딱 안 할 거니까…. 싸울 수 있는 방법이 무엇일까를 생각했어요(한숨). 그러고 있는데 수원에서 신부님이 찾아오셨어요.

면담자	17일에 오셨어요?
성호 엄마	16일.
면담자	16일에 오셨어요?
성호 엄마	16일 12시. 아니다, 12시 넘어서 1시 넘어선가?
면담자	배를 돌려서 다시 팽목항으로 돌아오셔서 봤어요?
성호 엄마	제가 얘기한 건 파출소 소장을 찾은 거, 이런 것들은

배를 돌려서 팽목항에 도착해서 있었던 일들이고요. 그 경기도 도지사를 본 것도 그것도 돌아와서, 그렇게 싸움하고 이러면서 본 거고. 싸움 하고 나서 한참 뒤 본 거고, 그 과정에서 한 시간 정도 넘었을 때 일부 부모들이 막 떠나는 걸 봤고. 그러면서 아무것도 안 하고 국가와 어떻게 싸워야 하는가를 생각하게 했고, 그러고 있을 때 천막이 쳐졌고….

면담자　신부님도 오셨고?

성호 엄마　천막이 쳐지는 걸 보면서 부모들이 엉엉 울고 있는데 제가 우동, 아니다. 컵라면을, 컵라면이 막 들어오더라고. 그래서 '악랄하게 끝까지 살아남으리라. 그리고 진실을 끝까지 밝히리라'. 머릿속에 그런 생각만 그 분노로만 가득 차 있어서, '어떻게든 먹고 살아야 된다'는 생각을 했어요. 들어가지도 않지만 '악을 쓰고 먹고 살아야 된다'는 생각에 컵라면을 말았어요, 여러 개를. 말아가지고 제 동생도 오고… 애 아빠는 여기저기 뛰어다니고. 그러고 있는데 컵라면을 여러 개를 말아가지고 10개를 말았나? 말아가지고 엄마들한테 갖다 다 안겨줬어요. "국물이라도 마시고 정신 차려야 된다"고 "정신 차려야 우리 새끼들 찾을 수 있다"고 이를 악물면서 눈물에 콧물 해가면서 컵라면 한 젓가락을 나도 물었는데 넘겨지지가 않아요. 국물만 꾸역꾸역 억지로 마시고 그러는데 그 부모들이 저를 이상한 또라이나 이상한 봉사자가 들어온, 공무원 관계자나 이런 사람으로 생각을 했던 거 같아요. 그러거나 말거나 쳐다보지도 않고(한숨).

그러면서 있는데 신부님이 오신 거예요. 오서서 본 얘기를 다, 제가 겪은 얘기를 다 해드렸어요. 그러면서 "신부님, 저는 국가 폭력이라고 생각합니다. 애들은 구조하지 않은 거 같고, 애들은 저렇게 죽을 수밖에 없는 운명에 놓인 거 같다"고, "한 가지 빨라졌으면 좋겠다"고, "전원 구조할 수 있는 시신이라도 다 찾을 수 있는 일이면 좋겠고 그거보다 앞서서는 단 한 명이라도 살아서 나와서 걔가 우리의 힘이 돼줬으면 좋겠다"고, "저들이 계획한 대로 안 되게 그렇게 해달라"고(한숨) 그런 얘기를 했죠. 신부님한테 "우리가 어떻게 했으면 좋겠냐"고 그러고 있다가…(한숨).

면담자　신부님이 어떤 말씀 있으셨어요?

성호 엄마　같은 생각이라고 말씀을 하셨고. "정신, 건강 지키고 정신 똑바로 차려서 한을 풀어야 된다"고 "아이들의 한을 풀어줘야 된다"고 그런 얘기 하셨고 저들이 얼마나 악랄한지, 알고 있는 얘기들 해주셨고, 그리고서는 새벽에 3시 몇 분인가 가셨어요. 아니다, 5시 다 될 때까지 계셨다. 5시가 거의 다 돼서 가셨고, 정조 시간이 아마 5시 몇 분이었고 중간에도 갔다 오고 했던 거 같아요. 아까 그 1시 몇 분, 5분댄가 나갔던 배가 갔다가, 현장에 갔다가 돌아와서 갔다가 돌아와서 바지[선]에 올라갔다 그랬을 거예요. 어디 바진가에 올라간다 그랬을 때, 방금 물속에 들어갔다 나왔다고 하면서 잠수부가 부모들 앞에 섰고 브리핑을 하겠다고 섰고 그랬는데 옷 하나 안 젖었었고 그런 거였어요.

면담자 　　　혹시 보셨어요?

성호 엄마 　　　저는 안 봤죠. 제가 본 거는 동영상만 봤어요. 그거를 부모들이 찍어왔어요, 우리 반.

면담자 　　　잠수사가 와서 자기가 "브리핑을 하겠다"라고 하는 장면을 찍어놓은 걸 보신 거예요?

성호 엄마 　　　응, 응. 해경들하고 브리핑을 했던 장면이고. 그 장면은 동영상으로 우리 반 부모가 찍어가지고 다 이렇게 보여줬죠. 그래서 봤던 것들이죠. 근데 그 사람들이 말하는 게 너무 놀라왔다고, 너무 분하다고. "옷 하나 젖지 않았고, 그러면서 방금 물속에서 올라왔다고 그렇게 우기고 거짓말을 하면서 브리핑을 했다" 이런 얘기였어요, 1시대에 갔던 부모들이. 그리고 날밤을 거기서 꼬박 새고 … 아니다. 날밤을 꼬박, 날밤을 꼬박 샜지. 꼬박 새고 새벽에 이제 또 5시 몇 분대에 정조 시간에 가겠다는 부모들이 갔었고, 구조하지 않는 모습을 봤대나, 어떻게 했대나? 그랬고 이제 부모들이 가게 해달라고 소리소리 지르고 그러면서 아침에 배를 내줬죠. 내준다고 했는데 약속을 안 지키는 거예요.

　　그리고 기자들은 우리 우는 얼굴만 계속 찍어대고. 그래서 너무너무 화가 나서 기자들을 "니네들이 우리의 아픈 얼굴만 찍으면 뭐 할 거냐고?" 소리소리 지르면서 그들한테 하는 말이 그랬죠. "저들이 지금 어떤 거짓말을 하고 어떻게 하고 있는지 구조를 어떻게 하고 있는지, 어느 부서에서 무엇을 하고 있는지 저 위에 컨트롤 타워는 움직이는지 안 움직이는, 무슨 회의를 하는지 그거를 찍고 국민들에게 알려주는 게 가족들에게 알려주는 게 니들 몫이지 어떻게 이 아픈 부모들 얼굴을 찍을 수 있는 잔인한 악마 같은 니들이 있을 수가 있냐"고.

면담자   어머니도 직접 기자한테 그렇게 얘기를 하셨어요?

성호 엄마   그랬죠. 뺏어버리라고 소리소리 지르고(한숨), 그랬었고. 그리고 배에, 그 현장에 갔다가 왔을 때, 돌아왔을 때도 배에서 막 내리는데 JTBC 여러 기자들이 카메라 들이대면서 "현장은 어떻더냐고, 갔다 온 소감이 어떠냐고?" 이렇게 물어보는데, 세상에 소감을 묻는데 기가 찼어요, 갔다 온 소감이 어떠냐고? 소감이 어땠냐고, 기막힌 시간에 아이의 생사가 왔다 갔다 하는데. 그리고 모든 게 다 거짓말이고 언론이 다 거짓말을 하고 있고 이러니까 어떤 언론도 눈에 들어오는 게 없었어요. 모른다고 이래버리고 가는데 그 배에서 내리자마자 기자가 도망가는 거예요.

면담자   같이 탔던 기자가요?

성호 엄마   네. 걔들이 먼저 내려서 도망가는데 그 어처구니없는 모습. 그게 더 기막혀서 다른 그, 아파도요, 냉철하게 그런 얘기들을 막 했어야 [했는데], "기자 저기 도망가요. 함께 했던 기자가 도망가고 있어요" 이런 얘기들을 해야 되는데, 다 못 믿으니까.

면담자   왜 도망간다고 생각을 하셨어요? 기자가 아니라서 도망을 갔다고 생각을 하신 건지, 아니면 자기가 먼저.

성호 엄마   아니에요. 위에서 보고를 받았거나 그랬겠죠. 전화를 받는 걸 봤거든요. 오면서 전화를 받는 걸 봤는데. 아무튼… (한숨).

면담자   기자가 아니었을까요?

성호 엄마   기자 맞아요. YTN, KBS 기자가 맞는데, 일부러 선정해서 태웠으니까. 그러고 도망가는데 황당했어요. 그리고 느낌이라는 게 다 있잖아요. 왜 도망가는지에 대한 느낌이 있으니까, '안 쓰겠다고 도망가는 거겠지'라고 생각을 했죠. 그래서 더 기가 막혀가지고 막 쫓아가려고 했는데 치마 바람에 뭘 쫓아가요, 쫓아가긴.

그리고 그날 밤에도 배에 올라탔을 때, 부모들한테 담요 하나만 줬어요. 천막은 막 쳐지는데 부모들이 자는 천막이 아니고 부모들을 쉴 수 있게 하는 천막이 아니라, 자원봉사자 쪽 와 있는 그 천막. 뭐 적십자니 그런 여러 천막들이 와서 쳐진 거지. 그것과는 관계가 없었어요. 부모들은 담요 하나에 의지해서 그 추운데서 그 밤을 그냥 지새워야겠어요? 물론 천막을 쳐줬다고 그래도 화가 나고 들어갈 생각도 안 들고 못 들어가고, 애가 생사의 기로인지 죽었는지 살았는지 [하는] 상태에서 부모들이 그게 눈에 들어오지도 않죠. 그런데 그런 거 쳐지는 게 너무 분노스러웠어요. 저런 일들을 할 때, 저런 일은 너무 잘해. 그런데 정작 사람을 구조하는 건 안 해요. 그리고 [구조를] 안 하기 위한 작업들을 저렇게 거짓으로 하고 있고, 그 모습을 봤을 때 이거는 용서할 수 있는 일들이 아니에요.

면담자   천막 쳐지는 것도 구조 안 하는 거 무마하려고?

성호 엄마   장기전으로 가겠다는 생각이 들었고. 구조하지 않겠다는 생각으로 느껴졌고 다 그렇게 느껴지는 거예요, 그리고 그게 사실이고. 배가 거꾸로 되어 있을 때 어떤 장비를 못 써서 구조를 안 해요? 바지를 다 들고 위로 올려서라도? 위로 올리고, 바지[선] 하나 밑에 깔고라도 여러 개를 깔고라도 잡으면 되잖아요. 근데 안 하잖아요. 우리가 상식적으로 생각해도, 여러 가지 방법들이 있을 건데 바지를 여러 개 오게 해서 큰 배라도 이쪽저쪽에 대고 있어도 배를 올릴 수 있잖아요. 안 하잖아요. 그리고 그렇게 하루를 보냈고.

다음 날 배는 주지도 않고 약속은 안 지키고 이런데, 부모들은 버스 타고 뭐 타고 팽목항에 와 있고 팽목항에 7시대에 정도에 배 뜬다고 모였는데 안 가고. 기자들은 그렇게 둘러싸여서 부모들 통곡하고 우는 거나 찍고 있고, 배는 준다 준다 주지도 않고 그러니까 거기에 어느 섬으로 가는 배를 뺏어버린 거예요. 가서 타고 있어버린 거죠. 내리라고 차마 못 하는 거죠. 내리라고 했어요, 근데 주의를 줘도 안 내려요. "니들이 배를 다시 가져와. 니들이 다른 배를 해버려" 이렇게 해버리니깐. 그래서 거기에 배에 가득 타고 기자들 타고 이러면서 떠났어요.

현장으로 갔는데, 아침에 비가 왔었고 그 아침에도 뭐가 왔냐면 아이들한테 사진이 왔어요, 사진 카톡. 10반 애들 사진. 근데 그 오락실에 여자 아이 네 명이 살아 있다고 연락이 왔고. 그래서 굉장히 시끄러웠고 그렇죠. 애가 살아 있다고 하는데 부모들이 그랬는데, 그다음에는……(한숨). 알아보겠다고 이러면서 시끄러워졌고, 그러면서 배를 타고 갔어요. 떠났는데, 이거는 뭐 두 시간도 걸리나 봐요. 50분이 아니고 천천히 가고. 또 현장에 갔는데도 가지도 못하게 하고, 한 200미터, 500미터, 몇 미터야? 되게 먼 거리에서 500미터 정도.

면담자   접근을 못 하게?

성호 엄마   네. 들어가지도 않고 빙글빙글 한 번 왔다 갔다 하면서, 비 온다고 그만 접근 못 하게 하는 거예요. 해경이 못 들어가게 하는 거예요(한숨). 그래서 부모들이 울고불고하면서 돌아올 수밖에 없었어요, 그렇게 왔고. 그러면서 거기 앉아서, 바닷가에 앉아서 소리소리 지르면서, 해경들을 쫓아다니면서 얘기를 계속하는 거예요.

근데 그때 사람들이 되게 많이 들어오기 시작했어요. 배에서 내리고 나서부터는 사복경찰들이, 국정원 직원들 굉장히 많은 사람들이 들어왔고. 이리 왔다 갔다 저리 왔다 갔다 부모들이 어떻게든 애들 구조하려고 해경들한테 따지고 이렇게 해달라 저렇게 해달라고 따지고 있고 이러는데 어떤 남자분이 왔어요. 저한테 왔어요. "이거 보시라고 이런 게 구조 장비라는 게 있는데" 저한테 보여주는 게 뭐냐면… 다이빙벨이었어요. 다이빙벨 검색하면서 "이런 게 있답니다. 이런 걸 요구하세요".

그래서 쫓아가서 제가 그걸 다 읽어봤어요. 읽어보고서 제가 쫓아가서 해경들한테 "이거 보라"고 "다이빙벨 이게 이렇게 수심이 깊은 곳, 물살이 센 곳, 이런 곳에서 잠수를 하는 데 도움이 된다. 구조를 해야 되고 또 깊이 이렇게 빠져 있는 사람들을 구조하는 데도 도움이 된다. 이거 해달라"고, "이거 들어오게 해달라"고 그러면서 "저 구명 조명탄 저거 가지고 되냐고, 밤에는 저거 가지고, 어젯밤에 보니까 너무 어둡고 되지도 않는다"고 "환하게 불 밝혀야 되지 않냐. 오징어 배 들어오게 해달라"고 그렇게 했는데, 이 해경 놈이 너무 기가 막힌 게 "거기는 맹골수도라 전국에서 제일, 우리나라 바다 중에서 두 번째로 물살이 센 곳이라 아무 소용없습니다" 이러고서 제 팔을 탁 걷어차고 가버리는 거예요. 너무너무 기가 막혔어요.

그러고 났는데 그다음엔 들어온 사람들이 누구냐면 기자들. 미군[미국] 기자들이었어요. 미군 기자들이 저를 붙잡고 "왜 구조에 미군이 참여한다고 했는데 왜 구조 못 하게 하느냐? 부모들이 구조해 달라고 다시 요청하라"고 이러는 거예요. 그래서 해경을 다시 찾으러 갔어요. 그래서 "미군이, 기자를 데리고 가서, 미군이 이렇게 해준다고 했다. 미군이 인근 섬, 인근에 있다고 한다. 구조에 투입시켜라"라고 얘기를 했는데 "알았다"고 그러면서 안 하

105

2회차

는 거예요.

면담자   어머니가 그 일을 다 하셨던 거예요?

성호 엄마   고거 정도는 제가 했던 일이고.

면담자   미국 기자를 데리고 가가지고 해경한테도 얘기를
하고?

성호 엄마   기자 명함하고 해경을 붙잡고 얘기를…. 뿌리치고
가버리고.

면담자   그 기자랑 인터뷰는 통역가가 같이 있었어요?

성호 엄마   그렇죠, 네.

면담자   기자한테 정보를 얻으신 거네요. "인근에 지금 미군
이 대기하고 있다".

성호 엄마   온다고 했는데, 아니에요. 뉴스에서 나왔던 얘기고
그리고 뉴스를 봤는데 그다음에 그 사람이 온 거죠.

면담자   미국 기자가 온 거죠.

성호 엄마   "이해가 안 된다"고, 그 사람이 우리한테 "이해가 안
된다"고 얘기를….

면담자   그 기자도 알고 있었어요? 미군이 도와줄려고 기다
리는 거, 아니면 어머니가 기자한테 물어보셨어요?

성호 엄마　　기자가 얘기를 하러 온 거죠.

면담자　　기자가요? "한국 정부가 지금 미군이 기다리고 있는데 도움을 안 받고 있다. 이거에 대해서 어떻게 생각하냐" 질문을 받으셨던 거세요?

성호 엄마　　질문을 받았고 그렇게.

면담자　　그 기자의 명함을 가지고 해경한테 가셔서 얘기를 하셨던 거죠?

성호 엄마　　(한숨을 내쉬며) 그렇게 했고, 그러면서 기자들이 계속 들어왔고, 또 뭐야 그런 사복경찰들이 너무나 넘치도록 들어오기 시작했고요. 그러면서 제 생각은 뭐였냐면 '안 되겠다. 저들은 아무것도 안 들어준다, 아무것도 우리를 이렇게 갈라놓기 위해 고민하고 갈라놓기 위해서 저렇게 많은 사람들을 깔아놨구나'. 그래갖고 뭔가를 막 이렇게 쓰면서 우리 얘기를 쓰는 사람 있으면 막 뺏어버렸어요. "너 뭐냐고, 신분증 내놓으라고".

면담자　　부모님들 사이도 나빠지게 하려고 뭔가를 했던 거예요?

성호 엄마　　정확하게 모르고요. 그 사이사이 우리 숫자보다 더 많아졌으니까요. 그런 사람들이 굉장히 많았고, 누구 삼촌이라고도 하고 거짓말도 되게 많았고. 아주 빤질빤질하게 날카롭게 생긴 사람들 되게 많았거든. 그런데도 그렇게 거짓말을 계속 늘어놓고. 그러면서 저희들은 겁을 먹었죠. 아무것도 안 할 거고, 아무것도 안 해줄 거라는 거. 우리가 이렇게 노력해 봤자, 저들 붙잡고 노력하고 싸워도 안 될 거라는 [걸] 눈으로 보게 되는 거죠. 그러면서 그 황금 같은 시간을(한숨) 몇몇 아빠들의 싸움으로 의지할 수밖에 없게 그렇게 갔고. 그리고 제 동생이, 남동생이 잠수부들하고 같이 현장을 계속 들어가고 들어갔다 나갔다 이런 것들을 하고, 애 아빠도.

면담자   그 잠수부는 해경 쪽, 정부 쪽 잠수부였어요?

성호 엄마   아니죠. 민간 잠수부들. 민간 잠수부들을 데리고 현장을 들어가고 하면서 "구조의 총력을 다 하고 있고 잠수부들이 들어갔다"고 들었던 말들이 다 거짓말이고 이런 걸 알게 됐고, 또 잠수부들을 투입 안 한다는 것 알게 됐고. 저들이 말하기 전에 동생을 통해서 듣게 되는 거죠. 이 섬에서 저 섬으로, 저 섬에서 저 섬으로 아니다, 이 배에서 저 배로, 말 잘못했다. 저 배에서 저 배로 갈아타기만 하게 하고, 바지[선]로 갔다가 배로 갔다가 이렇게, 그래서 싸우게 만들고 그래서 다시 돌아오게 만들고. 정조 시간 되기 전에 그렇게 해서 또 나가면 또 그렇게 하고 그러면서 나중에는 17일 날인가, 18일 날인가? 17일 날인가는, 18일인 날인가는 날짜도 모르겠다. 민간 잠수부 꼭 들어가기로 약속하고 들어갔는데, 그렇게 해서 나오면서 동생한테, 내 동생한테 "미안하다"고 손잡고 "미안하다"고. (면담자 : 그분이요?) 네, 잠수부가 그랬던 것도 기억이 나고. 그다음에는 어쩔 수 없다는 거 동생이 아니까 "알겠다"고

"너무 힘들어하지 마라" 추슬러서 보냈던 거 기억나고.

면담자　동생분은 저쪽에서 민간 잠수사를 못 들어가게 막기 때문에 들어갈 수 없는 상황을 이해하셨다는?

성호 엄마　그런 거죠. 잠수부들이 나온 거 이해했다는 거. 잠수부들이 그렇게 들어오거나 이러면 저는 달려가서 하다못해 어떻게든 밥이라도 먹여주고… 밥도 안 준다 이런 소리 들었어요. 지들은 해경들은 따로 밥도 먹고 잠수부들 밥 먹으라 하지도 않고 이런다고. 그래서 잠수부들이 나와서 먹고 여기서 끼니도 제때 못 먹고 이럴 수밖에 없는 상황이라는 것을 알고 잠수부들이 들어왔을 때 식당으로 데리고 가서 "많이 먹으라"고 그런 거밖에 할 수가 없었겠죠, 부탁하고. 그러면서 "오늘은 꼭 들어가겠다"고 동생한테 그렇게 약속을 하고 들어갔는데 못 하고 나오게 됐고 그다음에 저기가 그 누구예요, 그 여자 누군가요?

면담자　인터뷰했던 ×× 씨?

성호 엄마　홍××. 홍×× 씨가 그렇게 인터뷰를 하면서 이상한 말을 들었죠, 잠수부들한테. "잠수부들이 계획을 하고 있는 게 있었는데 그 여자가 막아버렸다" 이런 소리를 들었고. 어쨌거나 잘은 상황을 모르고 어떤 내용인지를 파악을 못 했던 저는 그때 느낌으로는 뭐냐면 동생한테 들었을 때 "아이들이 살아 있대. 살아 있다고 하는 거 같애. 애들을 세 명을 봤대" 이 얘기까진 들었는데 살아 있는지 죽었는지 정확하게…. 그때는 아마 살아 있다는 얘기로….

(면담자 : 들렸겠죠?) 아니, 살아 있다는 얘기로. 아이들이 안에서 신호를 보낸다는 얘기를 들었는데 그다음에 아이들이 세 명 20일 날 나왔을 때는 애들이 죽어 있는 상태로 나왔잖아요.

그리고 홍×× 씨가 그렇게 했던 거는 용기 있다고 생각을 했어요. 어쨌거나 저는 왜 그랬냐면… 그 당시, 왜냐하면 잠수부들도 말 못 하고 있고 무슨 계획이 있었는데, 그 사람이 그렇게 함으로써 자기들의 계획이 어그러졌다고 얘기를 했는데[요]. 어떤 계획인지 제가 모르니까, 그렇지만 누군가는 진실을 말해줘야 되니까. 그렇다고 생각을 했기 때문에 그랬고, "진실을 말하는 사람은 왜 그렇게 해야 되는지 모르겠다"고 저는 인터뷰도 그렇게 했던 거 같고, 그랬죠. 그러고 나서는 구조하지 않을 걸 아니까, 속으로는 애들한테 자꾸만 '누구라도 한 명 살아 있어달라'고 하면서도 이렇게는 견딜 수는 없으니까 '차라리 가라, 차라리 가라. 너희들이 그렇게 견디는 게 더 힘드니까' 이런 생각들도 막 오갔어요. 두 가지가 머릿속에서 오가면서 너무너무 괴로웠죠. 그러면서 아무것도 못 하는, 힘없는 부모라서 너무너무 미안했고 정말 죽을 만큼 힘들었어요. 그러면서도 '무얼 해야 될까'를 생각했고 '오기, 분노 이런 걸로 나를 똘똘 뭉쳐야겠다'는 생각을 많이 할 수밖에 없었고, 그래서 '어떻게 되든 끝까지 살아남아야겠다'는 생각, 그런 생각을 계속할 수밖에 없었어요.

면담자   어머니의 그런 생각을 다른 부모님들하고 나누기가 어려우셨죠?

성호 엄마 정혜숙

성호 엄마　　　못 했죠, 못 하죠. 하긴 했어요.

6
대통령 방문과 진도체육관에서 있었던 일

면담자　　　"구조 안 한다" 이런 얘기가 4월 16일, 17일 이때도 팽목항에 가셨던 부모님들과도 하셨나요?

성호 엄마　　　그렇죠. 다 얘기했죠. "구조 안 한다"고 얘기를 했고 18일 날은, 그리고 17일 날은 박근혜가 대통령이 그쪽으로 온다고…. 누가 범인일 거라는 생각을 익히 했고, 했기 때문에 이건 국가원수가 아니면, 그 조직들이 아니면 일어날 수 없는 일이라고 생각을 했기 때문에 저는 박근혜 너무 싫었어요. 그래서 그걸 피해서 진도체육관을 왔어요. 이렇게 비껴갔어요, 거리에서. 길에서 비껴갔는데 진도체육관에 오더라고. 왔을 때 부모들한테 계속 얘기를 했던 게, 배가 자꾸 가라앉고 있다는 얘기를 계속 했어요. (면담자 : 어머님이?)

　제가 부모들한테 계속 얘기를 했고. 부모들도 어제 들어갔다 나온 부모들, 16일 날 들어갔던 부모들이 17일 날 [다시] 갔을 때 배가 들어간 걸 확인하니까, 먼 거리서도 확인이 되잖아요. 그래서 "배가 들어가고 점점 가라앉고 있다"고 "그거라도 안 하게 해야 한다" 그 얘기를 계속 했고, 그래서 부모들이 대통령이 왔을 때 "배가 가라앉고 있으니까 잡아달라"고. 박근혜가 그 얘기를 했어요. "배는 절대로 가라앉지 않습니다", 아주 단호하게. 제 생각에, 머릿속에 '저 미친년이 무슨 약속을 하는 거야'. 아무것도 모르잖아요. 대통령이 배에 대해서 뭘 알아요(한숨). 너무 기가 막힌 거예요. 그래서 '[가라앉는] 배도 잡아주지 않겠다는 얘기구나'라고 알아들었고…. 어찌할 수 있는 방법들이 없었어요. 얘기를 해도 하나도 안 통하고 안 들어주니까.

면담자　　　그래도 대통령 방문에 희망을 좀 가지셨던 부모님들도 계셨잖아요?

성호 엄마　　　있죠, 그 말을 철떡[철석]같이 믿는 사람들이 있죠. 근데 사람마다 다른 거니깐. 그 사람이 사고할 수 있는 그 사람 배경 지식에 따라 다 달라지는 거니까 어쩔 수 없는 거잖아. 말하고 싶었죠. "저들이 무슨 짓을 하고 있는지, 저들은 우리 애들을 무슨 이유로 죽이는지를 그걸 알아야 되고, 애들이 살아 돌아올 거라는 생각은 버려야 된다"는 이런 말을 하고 싶고, "우리는 어떤 싸움을 해야 한다" 이런 얘기를 하고 싶었지만, 거기서 제가 그런 얘기를 하면 전 맞아 죽을 것 같았죠. 그런 얘기를 못 했고 18일 날, 17일 날 그렇게 했고, 18일 날 한 번 마이크 잡고 떠든 적이 있어요. "다 새빨간 거짓말이고 우리가 희망을 걸 거는 아무것도 없다"라고. 저들의 거짓말에 더 이상 속지 말라고.

면담자　　　어머니가 말씀하셨어요?

성호 엄마　　　그런 얘기를 했던 거 같고. 애 아빠는 그날 또 바다에 나갔다 와서 아무것도 안 하는 것들… 그런 것들을 부모들한테 상황을 이렇다고 얘기를 했는데 부모들이 깜짝 놀랐죠. [구조를] 안 한다는 것에 깜짝 놀랐고, 그래도 하고 있다고 믿었고. 그래서 안 한다는 것에 깜짝 놀라서 부모들이 그때 인터뷰 좀 하자고, "우리가 국민들에게 이걸 알려야 되는 거지, 국민들은 우리가 이런 고통을, 애들이 이렇게 죽어갔는 걸 모른다"고 이렇게 해서 YTN 기자들을 다 떨궈내 버렸어요. 밖으로 내쫓아 버리고. 아빠들이 막 저기도 뭐죠? 카메라도 다 부숴버리고, 다 밖으로 내쫓아 버리고 "부모 아닌 사람 다 나가라고, 그리고 가족 아닌 사람 다 나가라고" 그래서 2층이 텅텅 비었죠. 그렇게 진도체육관 2층이 텅텅 비고. 위에서 이렇게 다 감시 체제였잖아요.

　　YTN 하나만 붙잡아 뒀어요. 그리고 YTN 하나를 잡고 애 아빠가, 그때는 아빠들이 뭐라고 했냐면, [그나마 그때] 그렇게 약하게 [발언]해서 애 아빠가 살아 있는지도 모르겠어요(한숨), "약하게 하라"고 "그래야 호소할 수 있고 국민들이, 우리 편이 진실을 알 수 있다"고 "너무 현실을 적나라하게 얘기를 해도 국민들은 우리가 이상하다고 생각할 수 있다"고 그러면서 얘기를 했었고. 그래서 인터뷰를, 앞에서 호소문을 처음으로 했던 거예요. 성호 아빠가 호소문을 했는데 그게 10분? 5분? 이렇게 나갔을 거예요, 그렇게 되고 나서, 생중계로 그렇게 되고 나서 그다음 날… 또 팽목항에 갔는데 애 아빠가 돌아오질 않는 거예요, 팽목항에서.

면담자   어머님은 체육관에서 기다리시는데요?

성호 엄마   아니. 저도 왔다 갔다 했어요. 근데 같이 가서 팽목
항에서, 낮에는 팽목항에 가 있고 저녁에만 왔어요. 근데 팽목항에
가 있는데 엄청난 인력들 여전히 많았고요. 여전히 이쪽저쪽 와가
면서 담판 짓고 싸우고, 해경들은 최선을 다하겠다고 말만 하고 현
장은 그렇지 않고. 그러니까 17일부터 계속 싸운 거죠. 계속 싸웠
죠, 아빠들 하고. "최선을 다하겠다"고 그러면 "현장이 어떤 상황인
지 얘기하라"고 하면은 "그냥 최선을 다하는 거지" 그러면 "어떤 배
로 누가 어떻게 구조하고 있고 몇 명이 들어가 있고 어떻게 하고
있는지를 얘기하라"고 하면 아무것도 말 못 하는 거예요. 그냥 최
선이라고 얘길 하는 거예요.

    그러면 거기에 대해서 현장하고 무전 치라고 아빠들이 소리 지
르고, 그러면 "무전이 안 된다"고 "거기는 [무전이] 안 된다"고 이러
면 또 전화를 하고, 왜 무전기를 놔두고 전화를 하는지 알 수가 없
는 거예요. 전화를 하고, 전화를 하면 현장에서 전화를 받아서 "이
렇게 이렇게 하고 있다고 이러면 이쪽에 또 전화 내용을 얘기를 하
고, 이런 일들이 계속…. 구조하지 않으니까, 구조하지 않으면서
구조한다고 거짓말을 치니까. 그러면 아빠들이 현장에 나가 있어
서 현장에 있는 아빠들한테 또 전화로 연락을 하면 그 말이 거짓이
라고 이러면 또 싸우고, 이것만 반복하고 있는 거예요. 그렇게 반
복하던 모습들이, 아마 그때는 기자들이 굉장히 많이 와 있기 때문
에 자료가 굉장히 많을 거예요.

114
•

성호 엄마 정혜숙

면담자 '아버님이 돌아오지 않으셨다'라는 건?

성호 엄마 (한숨을 쉬며) 그날 18일인가, 19일인가 헷갈려 버리는데 18일 날 밤인가요. 그렇게 여기서 진도체육관에서 호소문 낭독을 하고 생중계가 되고 그러고 나서 진도 팽목항에 또 갔는데요. 거기서 돌아보고 바다에도 나갔다 오고 그렇게 하고 나서는 저희 아빠를 찾으니까 안 보이는 거예요. 그래서 저희가 먼저 왔어요, 동생이랑 제가. 저희가 먼저 진도[체육관으로], 안 보이니까 왔는데 전화를 해도 안 받아요. 괜찮겠지 했는데 그날 안 들어오는 거예요, 안 오는 거예요. 그래서 왜 안 오나 했는데, 나중에 한밤중에도 전화를 안 받아요. 그래 가지고 파출소로 연락을 하고 이러면서 무슨 사건 사고가 없는지 이랬는데.

그때 또 뭐가 있었냐면 진도 팽목항에서 40대 거의 50 다 된 49세 남자가 쓰러졌다는 얘기가, 부모님이 쓰러졌다는 얘기가⋯ 그래 가지고 병원으로 연락을 한 거죠. 근데 애 아빠는 아닌 거예요. 그래 가지고 그때부터 인제 막 찾기 시작했죠, 또. 없더라고요. 그래서 실종 신고까지⋯ 사건, 사고는 안 들어오고. 그래서 하루는 그냥 기다렸어요. 마음은 그런데 어디서 사건, 사고가 없다고 하니까 괜찮겠거니 하고 뜬 눈으로 새우다가 새벽에 언니한테서 전화가 온 거예요. 애 아빠가 쫓겨서 산속으로 달아났다가 겨우겨우 목숨 부지하고 있다고.

면담자 아, 진짜요?

성호 엄마   네. 그래 가지고… 애 아빠한테 전화했더니 그제서
전화를 받는 거예요. 엄마한테도 전화가 오고.

면담자   친정어머니한테요?

성호 엄마   엄마한테도 전화가 와서 "저기, 애 아빠가 그렇다고
하더라" 그러면서 지금 괜찮다고 하니까 안심하라고 그러면서 알
려주시는 거예요. 아흔 먹은 할아버지 집으로 피신 갔다는 거예요.
새벽에, 아침에.

면담자   누구한테 쫓겨서 가셨던 거예요?

성호 엄마   그날 팽목항에 이렇게 (허공에 원을 그리며) 원반으로
된 거, 비행선처럼 이렇게 띄어 올리면 전파로 촬영 같은 거 할 수
있는 거 있잖아요. 그거 뭐라 그러는지.

면담자   드론, 헬리캠 같은 건가요?

성호 엄마   네. 그런 게 들어왔었거든요. 그런 게 들어온 날 깍
두기 같은 남자들이 여러 명이 그걸 들고 이렇게 가는 걸 봤어요,
저희가 나올 때쯤에. 그랬는데 그거로다…. 애 아빠 말로는 어둑어
둑해서 이제 컴컴해져 갈 무렵에 올리려고 하는데, 그때는 차가 여러
대가 왔다 갔다, 팽목항으로 진도 체육관까지 왔다 갔다 했거든요.
타고 올리려고 했는데, 이렇게 오는데 갑자기 자길 몰아세우더라는
거예요.

면담자   차가요? 차를요?

성호 엄마　　차가 아니고 걸어서 나올려고 하는데 몰아치니까, 가만 안 둔다고 막 이렇게 몰아쳤다는 거예요, 그래서.

면담자　　협박범들이 있었던 거예요?

성호 엄마　　네. 그래서 막 쫓겨가지고 산으로 올라갔다는 거예요. 산으로 막 올라갔더니 그거를 막 띄우더라는 거예요.

면담자　　헬리캠 같은 거를요?

성호 엄마　　응, 막 띄우더라는 거예요. 그게 자기를 찾는다고 생각을 했다는 거예요. 그래서 그때 [헬리캠으로 추정되는] 그게 들어온 거는 잘 모르는데, 바닷가 뭐 이런 데를 수색한다고 들어왔던 거 같은데 본인을 찾는다고 생각했는지도 몰라요. 그렇게 쫓겨 왔으니까…. 그렇게 산속으로 도망도망 가가지고 겨우 라이터 하나 불에, 잠바도 얇은 잠바 하나 입었었는데 산속에서 밤을 지새고 새벽녘에 그게 없을 때, 새벽녘에 할아버지, 아흔 먹은 할아버지 집으로 들어가서, 낯선 사람이 들어오니까 그 사람들이, 그분이 할아버지가 "수상하다"고 "나가라"고 이렇게 하니까 "살려달라"고 하면서 확인해 줄려고, 언니한테도 전화하고 엄마한테도 전화하고 했던 거 같애. 언니한테 전화가 안 되니까 엄마한테 전화를 했고, 엄마가 언니한테.

면담자　　언니가 전화를 하셔가지고?

성호 엄마　　아니. 언니가 엄마한테 전화를 끊고 나서 바로 전화를 한 거죠. 그러면서 그렇게 된 거고.

면담자   어머니가 전화하셨을 때 아버님은 쫓기고 있는 상황이었기 때문에 전화를 못 받으셨던 거예요?

성호 엄마   아, 언니한테 전화를 했는데 언니가 전화를 안 받았다고 엄마한테 다시 전화했다 이렇게 얘기를 했나 봐요. 언니도 무슨 전환가 걱정을 하고 찾을 거 같으니까, 엄마가 언니한테 먼저 전화를 하고 그담에 우리한테 전화를 하고 이렇게 한 거죠. 제 동생 전화로 전화를 한 거죠. 안심하라고 살아 있다고 하고 이렇게 해서 그다음에 오후에 애 아빠가 온 거예요, 돌아왔어요. 돌아왔는데 화를 내는 거예요, 자기 안 찾았다고. 우리는 실종 신고를 하고 찾았고 했다고 얘기를 했는데 그래도 서운한 거예요. 그래서 자라고 하고. 왔으니까 그 사람한테 신경을 안 쓰잖아요. 그리고 그 얘기를 들으면서도 "그래?" 이러면서 등한시하니까, 왜냐하면 지금 애가 중요하죠. 애가 중요하니까 살아 있는 사람을 등한시하게 되잖아요. 그리고 말았어요. 그리고서 이런저런 일들이 계속 벌어지니까. 그날 저녁에 이제 국무총리가 온다고 했고 국무총리가 와가지고 부모들이 몰려가고 그런 일들이 벌어졌죠.

면담자   이 상황에서도 아이들이 계속 돌아오고 있었잖아요?

성호 엄마   아이들이 주검으로 돌아왔죠…. 주검으로 돌아올 때도 차웅이가 먼저 올라오고 그다음에 경빈이가 오고, 경빈이 같은 경우 금방 심폐 소생했던… 자국도 있다고 했고. 그다음에 저기가 왔죠, 걔 누구야. 창현이가 왔는데 창현이는… 아니다, 그다음 다음인가? 창현이가 왔을 때는 시신을 보러 부모들이 달려갔고요. 시신을 보고 달려가서 부모들이 직접 눈으로 다 확인을 했어요. 그랬고 창현이는 처기로 왔어요. 부모가 안 나타났다고 진도체육관까지 왔어요, 119가 진도체육관으로 왔는데. 양치하러 나갔던 [창현이] 누나 ○○이라는 애가 있는데, 누나가 괜히 보고 싶어서 이상하게 발걸음이 가서 봤는데 지 동생인 거예요. 그래서 막 짐 싸들고 가는 것도 봤고.

면담자　계속 아이들이 돌아와서 실종자 숫자도 바뀌고요.

성호 엄마　아이들이 돌아올 때… [수습] 번호로 오는 것도 너무 기가 막혔고(한숨). 어떤 느낌이냐면 아우슈비츠 보는 그 느낌이고 죄수 번호인 거 같고… 어찌 됐든 눈으로 확인해야 된다고, 저는 그때도 핸드폰 없었고 이랬으니까 눈으로 내가 다 확인해야 된다고 하면서 쫓아다니고, 계속 동생한테 사진 찍어놓고 다 해놓으라고 이러면서 쫓아 다녔죠. 애들 시신 하나하나 다 보고… 한 40명 정도 보고 다녔을 거예요.

　그런 다음에는 선생님들이, 기자들이 보라고 했죠. 오는 시민들이 보라고 했고, 부모들이 이렇게…. 난민도 이런 난민이 없잖아요, 그리고 죽음도 이런 죽음이 없잖아요. 그러니까 선생님도 "너무 가혹하다" 이러면서…. 부모들이 울고불고 뒤를 쫓아다니고 그니까 구두 신발이 다 헤어졌어요, 헤어지고 갈라지고 자갈밭을 쫓아다니고 이랬던. 그러고 나서는 선생님들한테 확인하라고, 선생님들한테 제가 물어봤어요. "선생님들 얘네들 얼굴 알아요?", "우리는 1학년, 3학년 선생님들이라 사실 잘 몰라요. 그리고 여기 온 지 오래된 선생님들 별로 없어요". 선생님들은 전근 온 지 한 달 반밖에 안 된 사람들이 태반이라는 거예요.

그러는 걸 봤고 17일 날인가요? 17일 날 제가 와서, 18일 날인가? 그때 언젠가는 선생님들한테 제가 따졌어요. "어떻게 교사들이 이런 일에 앞장서지 않고, 교육부에서 앞장[서지 않냐], 왜냐하면 우리는 아이들을 교육부에 맡겼고 교육부에서 아이들을 이렇게 수학여행 가게 공교육에 맡긴 건데, 교육부는 하나도 안 나타나고 선생님들은 뒤로 빠져 있고 왜 국가만, 왜 해경만 저러고 있냐? 선생님들 지금 뭐 하고 있냐? 부모들이 나서기 전에 당신들이 먼저 앞에 나서서 더 아픈 부모들 앞에 책임감 있게 해줘야 되는 거 아니냐"고 막 따졌어요.

"교장선생님 어딨냐?" 그랬더니 저 사람이 교장선생님이래요. "교장선생님 나오라"고 이래서, 자기네들끼리 우리가 뭔 얘기를 하는지. "우리 애들이 당신들한테 뭘 배웠는지 알 거 같다"고 "당신들이 이런 공감도 못 하고 이런 일 처리로 이따위로 하는데 우리 아이들이 당신들한테 뭘 배웠겠냐"고 이러면서 "교사도 부몬데, 대리 부몬데 부모 역할이 아니라 남 구경 왔냐"고 이렇게 따지고 "당신들 할 수 있는 거 보여달라"고, 그리고 "당신들 가만 안 놔둘 거라"고 "당신들이 교직에 있을 수 있을 거 같냐"고 "애들을 이렇게 죽여

성호 엄마 정혜숙

놓고 가만히 안 둘 거라"고 막 엄포를 놨더니 그제서 빌겠다고 이러면서. 저랑 몇몇 부모들이… 같이, 선생님들이 아무것도 안 하고 쭈뼛쭈뼛하고 이러고 있으니 너무 기가 막히잖아요. 그랬더니 이제 미안하다고 선생님들이 사과한다고 올라갔는데 교장선생님도 무릎 꿇고 사과하겠다고 올라갔는데 그 와중에 큰일이 막 벌어진 거예요.

면담자   교감선생님이 자살한 거요?

성호 엄마   아니, 그 전에 큰일이 막 벌어지고…, 18일인가 아마 그랬을 거 같애. 큰일이 막 벌어지고 현장에 상황이 제대로 안 돌아가는 상황이 벌어지고 구조하지 않고 있다는 게 알려지면서 선생님들[의] 말이[을], 여기서 우리한테 이걸 빌고 이럴[말을 들을] 때가 아닌 거예요. [그래서] 내려가라고, 이게 더 상황이 지금 급박한 상황이 벌어지니까. 그렇게 하고 나서 산소 공급해 달라고 이런 것들, 온갖 것들 그게 더 중요했으니까(한숨). 그랬죠.

그렇게 하고 나서 그들은 계속 거짓말만 하고 애들은 살아 있을 거고, 컨트롤 타워는 하나도 움직이지 않으면서 최선을 다한다고 하고 있고, 들어가는 척. 근데 거짓말이 다 보이는 거예요. "들어가서 밧줄도 메고 있다" 이랬는데 3일 만에는 "밧줄도 안 멨다" 이런 것들이 나오고, "애들 산소 공급하면 배가 가라앉는다" 이런 얘기, 온갖 얘기들이 [돌았죠]. 걔네들이 작업을 그렇게 하고 가라앉힐 계획을 세우고 부모들한테 그렇게 얘기를 했고, 그러면서 아무것도 바지로 [배를] 잡아도 아무 소용이 없다고 온갖 짓을 다 했죠 (한숨). 그렇게 하고 나서 그다음 얼마 훈가는 언제 그 선생님이 돌아가신 건가요? 19일인가요?

면담자　　　4월 18일인 거 같애요. 어머니, 저희가 날짜로 보면은 4월 19일 정도까지밖에 말씀을 못 나누었는데요. 아직 더 들을 말씀이 많아서요.

성호 엄마　　　얘기할 게 엄청 많죠. 그때는 거짓이 너무너무 남발하고 많았으니까.

면담자　　　저희 구술도 첫 번째 목표가 부모님들만 알고 계시는 경험을 후대에 남겨서 결국 진실을 밝히는 데 활용하고자 하는 거예요. 오늘 구술증언은 여기까지 하고 19일 이후는 3차 구술에서 듣겠습니다. 만약 시간을 거슬러서 더 얘기하시고 싶은 게 생각나시면은 그때 또 말씀해 주세요. 오늘 구술은 여기서 마치겠습니다. 수고하셨습니다.

3회차

2015년 9월 10일

1
시작 인사말

면담자   본 구술증언은 4·16 사건에 대한 참여자들의 경험과 기억을 기록으로 남김으로써 이후 진상 규명 및 역사 기술에 기여하고자 합니다. 지금부터 정혜숙 씨의 증언을 시작하겠습니다. 오늘은 2015년 9월 10일이며, 장소는 안산시 단원구 글로벌다문화센터입니다. 면담자는 장미현이며, 촬영자는 명소희입니다.

2
부모들을 감시한 사람들

면담자   어머니 반갑습니다. 지난번에 4월 16일에서 대략 18일 정도까지 진도 팽목항과 체육관에서 있었던 사건들과 경험들을 중심으로 구술이 진행됐었고요. 오늘은 이어서 4월 18일이나 19일 정도부터 시작을 하도록 하겠습니다. 지난번에 얘기를 하실 때에 아버님이 쫓기는 사건에 대해 말씀을 해주셨는데요. 그다음에 아버님이 돌아오신 다음에 어떻게 수습을 하셨는지, 그때 아버님이 큰 충격을 받지는 않으셨는지 궁금합니다.

성호 엄마   큰 충격을 받았고요. 그러면서 굉장히 불안해하고 지금까지도 많이 힘들어해요.

면담자   그러면 그게 사복경찰이 많이 들어오고 '정부에서 우리 가족들을 감시하는 거 같다'라는 데서 오는 불안감이신 거죠?

성호 엄마   그렇죠. 목숨이 위급한 상황까지 갔던 거고 그러니까 더 그랬고. 그다음에 산에서 내려오고 나서, 그날 내려온 날 오후에 다시 팽목항에 갔을 때 그 사복경찰 같은 그런 사람들이 애 아빠한테 하는 말은 "어⋯ 살아 있네" 이런 식으로⋯.

면담자   그런 말씀을 들으셨던 거죠?

성호 엄마   들었죠, 들었어요. 그리고 저희를 그렇게 감시하고 이런 것들은 그 일만 있었던 게 아니고, 저희 다 붙어가지고 감시를 했고요. 그리고 진도체육관 거기에서도 사복경찰 같은 사람들이 굉장히 많았고요. 그리고 중간중간에 할머니 같은 아줌마들 있죠, 그런 아줌마들도 끼어 있었고요. 저희가 회의를 하거나 앞에서 사람들이 모여서 뭘 할려고 하거나 그러면, 통곡을 한다든가 더 방해하는 그런 것들.

우리는 지금 집중해야 되고 논의를 해야 되고 더 좋은 방향으로 갈 수 있는 방향으로 모아야 되고 이러는데, 아무리 아픈 부모래도 그 일이 먼저거든요. 그래서 막 울고불고 이러진 않아요, 그때는. 그러는데 그런 사람들이, 그래서 회의를 방해하는 사람들이 꼭 있었다는 것. 그래서 의심스러워서, 이렇게 방해를 하니까, 의심스러워하면 어느 순간에 사라져버리고 다시 얼굴을 안 보이게 되고 이런 일도 있었고, 또 팽목항 같은 경우는 포장이 쳐진 뭐라 그래, 텐트가 쳐지고 A, B, C, D까진가 이렇게 텐트…. 천막이 크게, 아주 많은 사람들이 함께 잘 수 있는 그런 곳이, 부모들의 대기실이죠. 그런 게 만들어지고 그럴 때, 그 텐트 안에 한 서너 명, 한 세 명 정도가 다 붙어 있었어요. 부모인 양 가족인 양.

면담자　　한 텐트당 한 3인 정도가 계속 감시하기 위해서 정주하는 그런 상황이었어요?

성호 엄마　　네, 그런 상황이. 어떤 느낌이냐면 국정원 직원 한 명, 사복경찰 한 명 이런 식으로, 정부 측의 누구 이런 식으로 해서 있는 듯하고. 어떨 때 보면 우리 부모들이 정신없이 나가 있고 이럴 때, 어떨 때 보면 그 사람들이 자기네끼리 회의를 하는 거예요. 저녁마다 회의를 하는 거예요. 느끼게 되고… 그런 거.

그리고 진도체육관에 있을 때도 진도체육관에서는 또 어땠냐면, 19일 날 저녁인가요? 그때쯤에는 19일 날 저녁, 음… 그때쯤이에요. 우리가 회의를 하면서 "국무총리가 와도 해결이 안 된다. 국무총리도 핫바지다" 이런 게 가족들이 공감하고 분위기가 공감이 되고 이랬을 때에 "우리는 갈 곳이 청와대밖에 없다" 그래서 대통령한테 가자고 이렇게 마음들을 모으고 그랬을 때, 회의를 진행하고 있는 상황에서, 일부 부모들이나 친인척들은 왔다 갔다 나갈 수도 있고 화장실을 갔다 올 수도 있고 이런 거잖아요. 그렇게 가는데 외부 체육관 밖에 주차장 그곳에 누구 이모가, 누구누구의 이모가 이렇게 지나가는데 차 안에서 그때가 4월이니까 좀 더울 수도 있고 문을 열어놓을 수도 있잖아요. 차 문을 열어놨는데 그 사복경찰이 차 안에, 사복경찰인지 국정원 직원인지 몰라요. 타 있고, 이모는 그 옆을 지나가는데 들은 거예요, 전화 통화하는 내용.

면담자 　　　 "가족들이 청와대로 가려고 한다" 그런 거?

성호 엄마 　　　 그 부하 직원한테 "너 왜 이거 보고 안 했어? 부모들이 청와대로 간다고 하는데, 너 왜 이거 보고 안 했어?" 이 상황이 벌어진…. 지금 안에서 그런 회의가 계속 열리고 있고 밖에서는 그런 일이 있고 그래서 그 소리를 듣고 들어와서 아는 사람 몇몇하고 해서 "이런 일이 벌어졌다, 저 사람 잡아야 된다" 그래서 조용히 남자들을 데리고 가서 그 사람을 붙잡아 왔어요. 사복경찰인지 국정원 직원인지를 붙잡아 와서 진도체육관에 부모들 앞에 세워놓고 "당신 뭐냐, 정체가 뭐냐?"고, 그리고 그 전화, 핸드폰 뺏어서 핸드폰 번호, 전화받았던 그 번호로 다시 전화를 하고 당신이 어느 소속이고 누군지 이런 것들을 얘기하게 했고. 그러면서 별 얘기 아니었다고 이렇게 얼버무리고 했지만, 우리가 느끼기에는 정확하게 이건 국정원 직원이거나 사복경찰이거나, 이래서 우리를 감시체제로 있었다는 것을 온 부모들이 다 알 수 있는 거죠.

면담자 　　　 그때 소속이 어디라 했어요?

성호 엄마 　　　 이래저래 얼버무렸고요. 결과적으로 사복경찰이라고 이런 식으로 했는데, 제가 보기에는 그럴 수도 있고 국정원 직원이기가 쉽고. 그걸 우리가 정확하게는 그 사람 신원을 확인할 수 있는 여건이 안 될 때죠. 그들이 아니라고 그러면 아닌 게 돼버리죠, 그랬죠.

면담자   그 사건을 계기로 부모님들도 정부가 지금 우리를 감시하고 있다는 걸 알게 되셨네요?

성호 엄마   그거가 아니어도 이미 알고 있죠. 이미 알고는 있는데 심증인 거죠. 심증이고 물증을 못 잡았던 건데 그때 물증까지 잡았던 건데, 그러나 우리가 그쪽이 아니라고 그러면 우리가 어떻게 할 수 있는 상황이 아닌 거였던 거.

면담자   그때 어머니 본인도 진도체육관에 계셨던 거예요?

성호 엄마   그렇죠.

3
진도대교로 행진하기까지

면담자   그래서 부모님들이 청와대로 가겠다는 결정이 됐잖아요, 그래 가지고 행진을 시작하셨잖아요?

성호 엄마   어… 행진을 시작한 게 아니고요, 가자고 얘기를 했었고. 그런데 그때 정홍원 국무총리가 진도 체육관 쪽으로 오고 있다고, 왔다고 들었어요. 그래서 마침 나간 거죠. 청와대로 가자는 얘기가 나왔고 가자고 했는데 그 시간에 정홍원 총리가 왔으니까 일단 만나려고, 먼저 국무총리부터 만나자 했는데, 그래서 국무총리가 나오길 바랐는데 차 안에서 안 나오고 네 시간이나 버티고 있었고. 네 시간 안에 거기 안에서 잠도 자고 부모들은 밖에서 보고, 문 하나 부술 수 없는 거고, 사복경찰들 국정원 직원들 쫙 깔려서 우리를 그러고 있는데. 그리고 경찰들이 다 그렇게 바리게이트 치고 있고 우리를 갈라놓고 저지하고 있는데 할 수 있는 게 없잖아요.

면담자   그 당시 '국무총리가 내려와서 부모님들 만나지 않고 있다' 이런 상황을 언론에는 별로 보도가 안 됐다고 느끼셨나요?

성호 엄마   그때, 그때는요. 제가 참고 참다가 혈압이 엄청나게 올라와서요, 그날 일이 기억이 안 나요. 혼수상태처럼 이러면서 돌아다녔고 정홍원 총리를 기다렸고 나오길 기다렸는데 안 나왔고, 부모들은 거기서 어떻게든 면담하자고 그렇게 욕하고 소리 지르고 악쓰고 이러면서 있었고요. 네 시간 동안 안 나오니까 그때서 행진하자고 청와대로 갈려고, 막 갈려고 하는 참이었는데 저는 쓰러질 거 같았어요. 쓰러지기 일보 직전이라 체육관으로 들어왔어요. 체육관으로 들어와서 그때 혈압을 재고 링거 맞고 도저히 견딜 수 있는 상황이 못 됐어요.

면담자   다음 날에는 좀 휴식을?

성호 엄마   음… 휴식이 아니라 그렇게 누워 있었었고, 내가 정신만 차리면, 그냥 가면 내가 쓰러져서 죽을 거 같으니까 어쩔 수 없는 상황이라 누워 있었고. 또 의사진들이 이렇게 제 손에다 놓고 그랬는데, 어떤 느낌이냐면 바늘을 꽂는데 바늘이 들어가는 느낌이 하나도 안 나요. 정신도 혼수상태처럼 자꾸만 빠져들고 이러고 있었고 그래서 아침 5시 반까지도 있었을 거예요.

면담자　하루, 밤 정도?

성호 엄마　새벽이었으니까요. 서너 시간이 그렇게 지나갔던 거 같애. 그렇게 하고 다음 날 일어나서 안 되겠어서, 제가 그러니까 아빠는 그날 놀래 가지고 누워 있고 너무 힘들어서 누워 있었고 계속 잠을 자는 거예요. 그런 상태에서도 자꾸 잠이 쏟아져서 그러더라고요. 나갔다가 들어왔다 또 자고, 나갔다 들어왔다 또 자고, 마음을 놓지도 못하고 그런 상태였고. 저 같은 경우에는 그렇게서 누워서 그날 새벽을 그렇게 보냈고, 그래도 새벽에는 조금 정신이 나서 동생이 둘 다를 놔두고 거길 못 쫓아가니까 남동생이 저희를 간호하는 상태가 돼버렸고. 동생한테 "안 되겠다, 우리도 가자"고 제가 정신을 차렸으니까 아빠는 놔두고 우리 가자고 해가지고, 그때가 진도 다리, 차를 타고 갔던 거예요. 그래서 진도 다리에서 그렇게 시위, 왜냐하면 경찰들이 우리를 다 막았으니까, 도로를 막아버렸어요. 불법은 걔네들이 경찰들이.

면담자　사실 시간이 얼마 지나지 않은 상황이었음에도 경찰이 가는 걸 막았을 때 기분이 참담하셨을 거 같아요.

성호 엄마　그렇죠. 5일째, 5일째고 그날이 부활절 새벽에 아침에.

면담자   그때 그 진도대교 위에서 부모님들이.

성호 엄마   진도대교까진 아니고 앞에.

면담자   돌아 오셨을 때 그 상황은 어땠어요? 입장 차이가 있
으셨는지 아니면 다들 화나시고 슬프셨는지요?

성호 엄마   다 화나고 슬프고요 그랬죠. 근데 그때도요 어땠냐
면, 다 길 막고 우리를 보호하기 위해서 길을 막는다는 경찰들 공
권력의 남용 이런 것들이 너무 고통스러웠죠. 곳곳에 다 국민을 못
살게 만들고 진실도 안 밝혀주려고 이렇게 하고 있고, 정부는 무력
으로 국민을 생명마저도 그렇고. 최소한에 그런 잘못을 저질렀다
고 하더라도 최소한의 수습조차도 안 하겠다는 그런 의지, 의도 그
런 것들이 다 보이니까 너무너무 힘들었죠.

4
돌아오기 시작하는 아이들

면담자   그 당시 돌아오지 못한 애들이 대부분인 상황에서
정부에 항의도 해야 하고 한편으로는 '아이가 언제 돌아오나'에도
마음이 쓰이는 상황이었네요.

성호 엄마   그때는요, 구조를 안 했으니까. 그날 새벽… 아침,
그때부터 구조하기 시작했으니까. 그날 새벽에 어… 아무것도 안

성호 엄마 정혜숙

했고 애들도 떠오르는 애들이 아니면 찾을 수가 없었고, 물속에 안 들어가는 걸 알았기 때문에 부모들이 그렇게 구조 안 한다는 거 [알고 있었죠]. 구조할 수 있음에도 구조하지 않았고. 그다음에 배 안에 창문으로 눈으로 아이들이 세 명이 있다는 걸 확인하고도, 생사확인이 안 된 상태인지 확인된 건지 몰라도 벌써 이틀 전부터 세 명이 있다는 걸 앎에도 불구하고 투입을 안 하고 있는 거. 그리고 브리핑이라고 계속 해대면서 거짓말만 해대고 있는 거. 우리가 속고 있다는 걸 부모들이 알게 되고 시간 끌기를 하고 있다는 거, '애들이 다 죽을 때까지 기다리는 거구나' 하는 느낌을 받을 수밖에 없고. 누구도 얘기를 해주지 않고 있지만 또 물속에 들어가서 우리가 확인할 수는 없지만 시간과 또 그들의 말 그 안에서 우리가 느낄 수 있는 건 그런 거였거든요. '안 하는구나, 기다리는구나, 우리 애들이 다 죽을 때까지 기다리는구나' 이런 것들이었기 때문에 그걸 참아낼 부모가 얼마나… 참아내는 그 시간이 지옥도 그런 지옥이 없는 거죠. 그래서 너무너무 힘들어했고요.

그날도 그렇게 진도대교를 가고 부모들이 분노하고 이러니까 그때서야 "아이들을 들어가서 꺼내 와라"[가 된 거죠]. 그래서 그때 소식 듣고 가는 새벽에 거기서 진도대교에서 싸우고 몸싸움을 할 수밖에 없는 상황이죠. 그런 상황에서 "누구 나왔대" [하면] 이래 가지고 막 뛰어가는 상황이 돼버린 거예요. 그래서 아이들을 찾아야 되는 게 먼저지. 부모 마음이 그렇잖아요. 그러니까 다시 돌아, 저지를 당하고 우리가 봉쇄가 돼서 갈 수도 없는 상태고 경찰들이 우릴 몇 겹으로 [둘러싸서] 굉장히 많았어요. 다서, 여섯 겹 이 정도는 됐었던 거 같애. 한 사람만 한 줄만 막는 게 아니라 엄청나게 막고 있는 거예요. 그러니 그걸 뚫을 수도 없고, 그래서 돌아올 수밖에 없었어요.

면담자   20일에 돌아오고 나서 시신으로라도 돌아오는 친구들 숫자가 달라졌나요?

성호 엄마   시신으로 돌아오는 친구들의 숫자가… 아, 숫자가 번호로 돌아오기 시작했죠. 그날부터 그날 새벽부터 올라오기 시작했고, 밤에 또… 꼭 이상하게 새벽이면…….

면담자   소식이 왔다고?

성호 엄마   네, 아이들이 올라온다는 소식이 있는 거예요. 12시 11시 이렇게 되거나 새벽이거나 그러면 번호로, 아이들 죄수번호처럼 번호로 온다 그랬잖아요. 번호가 뜨는 거예요. 그러면서 이렇게 벽보가 이렇게 신상[과 함께] 그게 붙기 시작하고 이렇게 두 군데에 붙었어요. 현관 앞에 그다음에 양쪽. 이쪽 문에 하나 그다음에 진도 체육관 앞에, 뒤에서 앞으로 들어오는 그쪽에 하나. 이 두 개가 똑같은 것들이 붙어 있었죠. 그러면 부모들이 문으로 몰려갈 수밖에 없는 상황이죠. 그리고 TV로 나와요. TV 앞에 화면에, 인상착의 어떻고 키는 얼마가 되고 아이의 신체 특징하고 그다음에 옷입은 것들 특징 있는 것들 이런 것들을 보내줘요, 다 떠 올려봐요. 그러면 우린 그걸 확인할 수밖에 없는 거예요. 어느 순간부터(울먹

성호 엄마 정혜숙

임) 부모님들이 구조는 안 되고 빨리 돌아왔으면 좋겠다(울먹임),
그런 느낌.

면담자　　　빨리 온 친구들이 오고 나서 5월 달, 6월 달까지 늦
게 온 친구들도 있잖아요?

성호 엄마　　　그니까 부모들이 어땠냐면, 음… 사흘 동안은 구조
를 안 했고요, 떠오르는 애들만 건졌고. 그다음에는 배 안으로 들
어가지 않는다는 걸 알고 부모들이 그렇게 하면서, 사흘이 지나면
서는 어느 정도는 부모들이 그 얘기를 4일째 되면서부터는 '살아
있을 수 없겠다'라는 생각들을 하게 되는 거죠. 그런데 그게 두려운
거야. 내 아이를, 애들이 돌아오는 것도 두려운 거야. 왜냐하면 살
아 있어야 되는데 살아 있는 애들이 아니잖아요. 그걸 마주한다는
거 그걸 현실로 확인해야 된다는 것이 너무 힘든 거야(울먹임). 그
러니까 그것도 못 받아들이겠고 그렇다고 애가 살아 있는 것도 못
받아들이겠는 거지. 마음이 두 가지가 왔다 갔다 하는 거예요.

　그래서 살아 있었으면 좋겠는데 살아 있으면서 그 아이가 그
추운 데서 그 공포스러운 데서 그렇게 견뎌낼 걸 생각하면, 걔가
앞날에 살아 있어도 앞날 동안 살아갈 그날을 생각하면 미쳐 죽겠
는 거고. 죽음으로 주검으로 돌아온다는 자체도 받아들이기가 너
무 어렵고, 받아들일 수가 없는 거죠. 그런 일들이 벌어졌고, 4일쨰
가는 애들이 거의 죽었다고 그들이 판단했을 때쯤에는 뭐도 했냐
면 19일 날 했나, 18일 날 했나? 19일 날 했던 거 같기도 한데, 낮에

는 유전자 검사하기 위해서 유전자 채취도 했어요(한숨). 그때 부모들이 너무 충격이었어요. 내 자식을, 어떻게 내 자식인데 내 자식을 몰라볼까 봐, 내 자식이 유실될까 봐 이런 것들을 고민하게 그걸 생각하는 자체가 얼마나 충격이겠어요.

면담자   그걸 정부에서 먼저 제안한 거예요?

성호 엄마   그렇죠. 우리는 너무너무 놀랐죠. 애들을 빨리 들어가서 구조를 해도 모자라고 그 1분 1초가 얼마나 긴 시간들로 느껴지는 부모들 앞에 구조는 안 하고 딴짓만 계속하면서 "유전자 검식을 하자" 아니 "유전자 채취를 하자". 우리는 어떤 생각이 드냐면 '왜 유전자 채취가 필요해? 우리 애들이 그러면 살아서 돌아오지 못한다는 거, 확인해야 된다는 거면 살아서 돌아오지 못한다는 거잖아? 얘네들은 거기까지 생각하고 일을 하는 거네?' 그러면 그 부모들이 어떻겠냐고.

그러면서 살아 돌아올 수 없게끔 하리라는 것을 부모들이 짐작을 받아들이기 어려운 생각들을 짐작하게끔 그들이 했고. 그러면서 부모들이 마음으로 표현을 못 하면서도 속으로 그것을 받아들이는 작업을 조금씩 할 수밖에 없는 상황에 몰려간 거죠. 우리가 생각한 게 아니라 몰고 가는 거예요, 그들이 몰고 가는 거. 그래서 강요당하면서 그렇게 시간을 맞이하고.

그러면서 부모들이 아이한테 속으로 생각하는 일들이 벌어지죠. '견디지 말고 이제 그만 놔라. 그냥 얼른 가라. 내가 구조해 줄 수도 없고 저들은 구조를 안 할 것이니까, 너만 힘들고 너만 고통스러우니까 어차피 살아서 못 돌아온다면 얼른 가라' 이런 생각을 할 수밖에(침묵). 그걸 견뎌야 되는 부모들이 너무 고통이었죠(눈물을 훔침).

그러면서도 이제 생각은 너무 분하고 그리고 용서할 수 없는 일이고 용서를 빌어도 용서할 수 없는 일이 돼버린 거고……(침묵). 그 분노로 어찌 됐든 부모로서 애들한테 해줄 수 있는 건 '니가 왜 죽었는지 이유라도 밝혀주겠다'는 그런 각오들을 하게 됐고. 그래서 그렇게 대통령한테 따지겠다고 하고 정홍원 총리 왔을 때 그렇게 네 시간씩 부모들이 밖에서 한탄하고 울고 별짓을 다하면서 그런 시간들을 보내게 되고 그랬죠.

그리고 나서는요, 애들이 올라오는 그 시간부터는 다들 그 애들이 올라오는 '시신으로 받아야 된다'는 두려움과(한숨) 또 '내 아이일지 모른다'는 생각 이런 것들도 너무 고통스러웠어요. 그래서 그렇게 시신으로 돌아오는 시간이 한 하루 이틀 며칠 동안은요, 하루 이틀 정도는 두려워서 '내 아이가 아니었으면' 대부분은 그렇게 생각들을 많이 했고. 좀 앞서서 저들의 행동, 이성적으로 좀 생각하거나 논리를 생각하거나 이런 부모들은 '내 아이가 빨리 돌아왔으면… 죽음이라도 이 지옥을 빨리 끝냈으면' 이런 것들이 생겼고. 대부분의 부모들은 두려워서 무서워서 내 아이가 아니었으면 그런 부분이 많았고 사흘쯤 지나면서는 '내 아이였으면…'으로 바뀌어가는 게 되죠. 이제 그 두려움을 넘어가는 거죠. 빨리 끝나고 내 아이가 유실되면 안 되니까 얼른 돌아와서 내가 확인을 하면 좋겠다는 생각들이. 그래서 서로 처음에는 "안됐다". 먼저 찾은 아이들의… 시신으로 안아야 되니까, 자식을 시신으로 안는다는 게 얼마나 기가 막혀요. (떨리는 목소리로) 그러니까 먼저 가는 부모들에게 "안됐다"고 "잘 견디라"고 "애 장례 잘 치르라"고 이렇게 했던 부모들이 이틀 되고 삼 일 되고 이러면서부터는 "부럽다", "잘됐다", "빨리 찾아서 갈게" 그리고 "먼저 가서 미안해", "먼저 내 자식 먼저 찾아서 미안해". 왜냐면 유실될까 봐 이런 고민들을 또 할 수밖에 없었어요(침묵).

그리고 이제 마지막이 내 아이가 아니었으면, 마지막까지 그걸 견뎌내야 된다는 거 그 견디는 상황에서 죽을 거 같은 거죠, 그 고통을 참아낸다는 게 (떨리는 목소리로) 그래서 다들 '내 아이가 마지막이면 내가 얼마나 두려울까'. 다 끝나고 빈 공간이 진도체육관, 팽목의 천막 그 안에 사람들이 점점 줄어들면서 불안해. '나중에 내가 남으면 어떡하지, 우리 아이가 못 돌아오면 어떡하지' 이러면서 엄청나게 불안해했죠.

5
성호가 돌아온 날

면담자   성호 얘기도 좀 해야 될 거 같아요.

성호 엄마 정혜숙

성호 엄마   성호가 4월 23일 날 돌아왔어요.

면담자   성호가 왔을 때 어머니도 보러 가셨어요?

성호 엄마   그전에 성호를, 성호가 어차피 죽음으로 주검으로
아이를 받아 안을 수밖에 없다는 거, 그거를 알게 인식하게 되고
하면서부터(한숨) 이런 일이 벌어졌어요. 아이가 바뀌는 상황도 벌
어졌고요. 그다음에 아이들이 21일 정도부터는 굉장히 많이 나왔
어요. 숫자가 굉장히 많아졌고요. 그때 22일 21일, 22일 날 정도에
는 21날은 아이가 바뀐 일이 벌어졌고. 22일 날은, 22일 날이 아닌
가? 안산에 있는 병원마다 장례식장이 꽉 찬 거예요. 그래서 애들
이 길거리에서 헤매야 되는 상황이 벌어진 거예요, 장례식장을 갈
수가 없는 상황. 그래서 길에서, 어느 병원을 가야 할지 지정이 제
대로 안 돼 있고 그러니까 그들이 지정해 준, 팽목항에서 가라 하
는 병원으로 가면 거기가 차 있다고 안 받아주고… 이런 것들이 있
었고. 제가 생각할 때는 다 차진 않았던 거 같고요.

　　그 사람들도 장례식장 운영·관리하는 사람들도, 이 사람들도
안산 사람들이 대부분일 거고 그 사람들도 연고가 이렇게 연결 연
결되는 게 있잖아요. 그러면 자기가 아는 사람들의 아이, 아는 부
모의 아이 이런 아이들하고 이렇게 먼저 쪼인이나[같이하거나] 예약
이 되가는 듯했어요. 몇 명 정도는, 대다수는 아니지만. 그래서 안
받고 있거나 먼저 오는 애들이 길에서 배회하면서 없는 병원을 다
시, 그들이 준 정보랑 달라지잖아요. 그러면서 이제(한숨) 길거리를

떠돌게 되고, 몇 시간씩. 그런 일이 벌어졌죠.

그래서 그 얘기를 22일 날 들었어요. 22일 날 들어서, 그러면 안 되겠다 해서 애 아빠랑 저랑 새도 아빠랑 셋이서 보건복지부, 교육청 그다음에 안산시 그렇게 3자에 가족, 4자 협의체를 해서 이 거를 빨리 어찌 됐건 아이들이 갈 수 있는 공간을 장소를 장례식장을 만들어야겠다는 생각을 했어요. 그래서 있는데 그들도 내놓은 건 뭐냐면 인천, 수원, 안양, 시흥권까지 이렇게 장례식장 데이터만 뽑아 오는 거, 이거는 그들이 했어요. 그런데 나머지를 안 하는 거예요. 그러면 계약을 해야 되잖아요. 계약을 안 하고 있는 거예요. 안산에 다 찼다고 하는데 그러면 우리가 어디까지 갈 수 있는 가를 물었어요. 그랬더니 아무도 대답해 주는 사람이 없는 거예요. 그래서 할 수 없이 "그럼 회의하자" 해서. 그때는 뭐 대책위라고 가족대책위를 꾸리고 대표를 하겠다고 나오고 있지만, 너무 어수선하고요.

아이들을 수색하는 거, 물속에 들어가는 방법들, 해경들의 저지 그것과 싸우는 거, 장비를 어떻게 하고 하는 거, 산소 공급 어떻게 하는지 등등. 그 이후에는 산소 공급 필요도 없지만, 그런 것들에 대한 복잡한 이런 것들을 계속 얘기하고 싸워야 되고. [구조도] 안 하면서 거짓에 그러니, 우리가 거기서 할 수 있는 일들을 해야 되고 그들과 맞서서 싸우고 일들을 빨리 하라고 독촉하고, 어떻게 하고 있는지 따져 물어야 되고 이런 거를 할 수밖에 없고. 밤에만 되면 애들이 나오게 되니까 그때부터는 밤에 어차피 잠을 못 자는 상

성호 엄마 정혜숙

황이 벌어지고 그러니까 부모들이 회의를 밤마다 회의를 하는 상황이 벌어지고 이랬죠.

그래서 그거를 누군가가 책임지고 탁 체계적으로 할 수 있는 상황이 못 돼요. 그러니까 "각자 할 수 있는 걸 하자" 그래서, 그 말도 없이 우리가 할 수 있는 것들은 그런 거라고 생각을 해서 그렇게 하자고 했고…. 전화로다 이 사람 저 사람 부르고 했는데 세상에 보건복지부 직원이 하나도 없어요. 퇴근하고 없는 거예요, 그 상황에. 아니, 너무 책임감이 없고(한숨) 그들이 여기 왜 존재하는지 모르겠고, 그런 상황이 벌어져서 22일 밤에 저녁 6시부터 그들을 찾았는데 6시 땡하기도 전에 퇴근을 해버린 거예요, 6시 땡에 퇴근을 했던 거 같아요. 6시 5분부터 찾는데 없어요. 연락 두절이에요, 연락이 안 돼요. 그래서 물어물어 전화번호 찾아보고 새벽에까지 저녁 10시까지 전화를 했는데도 연락이 안 오는 거예요.

그래 가지고 새벽까지 기다리고 그래서 새벽에 연락이 온 거예요. 5신가 6신가 연락이 왔어요. 6시 넘어서 온 거 같애. 그래서 "이게 뭐냐? 우리가 얼마나, 이 상황에 당신 뭐 하고 있냐?" 이러면서 다 다시 불러들였어요. 그래서 애들이 갈 곳이 없는데, 갈 곳이 없는지 있는지도 보건복지부 책임이잖아요. "이것도 모르고 있냐"고 "어떤 방책을 쓸 거냐"고 했더니 아무 말도 못 하고 그 데이터만 뽑아났다고 이런 얘기만 하고 있고, 그거야 안산시에서 뽑았겠죠. 그리고 방법이 없는 거예요, 대책이 없는 거예요.

그러니까 놀라워서 "방법, 지금부터 만들어라. 오늘은 애들이 굉장히 많이 나올 것이다. 우리도 다 듣고 있다" 이러고 가면서 "얘들 어디로 보낼 거냐, 안산 근처다. 어떻게 할 거냐. 그러면 안산에서 가까운 데부터 이렇게 병원을 섭외를 해놓고 계약을 해놓으라" 했어요. 그러겠다고 약속을 했는데 성호가 9시 몇 분대에 나왔어요. 9시 차 타고 갔더니 성호가 나와서 기다리고 있는 거예요, 우리를.

면담자   팽목항에 가셨어요?

성호 엄마   네. 근데 성호가 나올 거를 이미 알고 있었어요.

면담자   23일 많이 나올 거라는 걸 어떻게?

성호 엄마   그걸 어떻게 알았냐면 잠수부들하고 계속 이렇게 쪼인[연결해서], 대화가[를] 조금씩 하고 있었다고 얘기를 했잖아요. 그것도 있는데다, 그렇다고 그들이 정보를 우리한테 막 주거나 이러진 않아요. 근데 어떤 일이 있었냐면, 그쪽 지역에 진도 팽목 근처 거기에 사는 사람들이 대부분이 민간 잠수부들이 거기에 많이 투입되니까, 성당 다니는 형님 중에 한 분이 거기 출신이에요. 그래서 그분이 우리 그 진도체육관까지 팽목항까지 찾아왔었고, 자기도 고향이 거기니까 위로 겸 찾아왔었고, 그 친구들을 만나러 일부러 또 간 김에 그렇기도 하고 그러면서 당부 겸 상황이 어떤지 궁금하잖아요. 알고 싶어서 간 거예요. 그래서 갔더니 죽마고우, 어릴 때부터 같이 컸던 친구가 거기에서 그 책임을 맡고 그 일을 하고 있었던 거예요, 잠수부. 그러니까 성호의 인상착의나 몇 반 이런 것들 다 알려줬고요. 특히나 이제 팔찌 묵주가 있다고 얘기를 해줬고, 나무 팔찌 묵주 그런 것들을 얘기를 해줬고 어디쯤 있을 거라는 거 위치. 걔가 묵었던 방 이런 것들을 얘기를 해줬고, 복도에 애들이 있었다는 것 대기 상태로 복도에 있었고, 구명조끼 입고 있었다는 거 들었고 이런 것들을 정황 얘기를 들려줬어요. 그분이 전화를 해줬고 그래서 그분한테서 듣게 된 거죠. "애들이 많이 나오는 것 확인했다. 한 40명 정도 복도에 있는 애들을 확인했다" 그리고 "그 아이들이 새벽부터는 올 것이다" 이런 얘기를 들었기 때문에, "기다려라" 이 얘기를 들은 거, 성호가 나올 거라고 들은 게 아니라 "기다려라"[고 들은 거죠]. 그 느낌에서는 성호가 나올 거라 듣게 된, 짐작이 되는 거였고요. 그래서 밤에부터 준비를 했던 거고 마음을 그냥 그렇게 가졌어요. 그래서 새벽부터 그렇게 다 준비를, 그 사람들을[관련 공무원들을] 만나서, 40명 정도가 나온다고 했는데 자리가 없고 애들이 떠돌 수밖에 없는 상황이고 이런 상황을 만들 순 없잖아요. 부모로서 그거는 애한테 더 미안해서 못 할 짓인 거예요.

그래서 그런 일들을 아침에 했고 그렇게 약속을 잡아놓고 일 처리해 놓으라고 했고 갔는데, 회의까지 다 끝내놓고 갔는데 "아침 9시부터 애들 나온다" 이렇게 해놓고 갔는데(한숨) 성호를 9시 몇 분대에 가서 찾았고요. 확인을 했고 그다음에 부검[검사]을 하고 성호란 걸 확인을 그들에게 해주고, 그다음에 아이를 받으려고 가서 어디를 어떻게 갈 것인지 장례를 어떻게 할 건지 뭐 이런 것들을 안산시, 보건복지부 직원 이렇게 얘기를 하는데, 병원이 딱 하나만 계약이 돼 있는 거예요. 시흥, 시흥시 정왕동에 딱 하나. 그 시간을 줬는데 그리고 정보를 줬잖아요. 지들이 정보를 안 받았다 그래도 "잠수부가 오늘 많이 올라온다고 잠수부들 얘기를 하더라". 다 얘기를 해줬는데 병원 하나밖에 계약을 안 해놨다는 것이 너무 놀라웠어요.

그래서 뒤집어엎어 버렸어요. 그때가 11시, 11시 30분에서 12시 다 되갈 때쯤, 분노할 수밖에 없잖아요. 그렇게 해서 뒤집어엎고 "요렇게밖에 못 하냐!"고 지켜주지 못한 아이들, 이렇게 비참하게 주검으로 돌아올 수밖에 없는, 국가가 책임져 줘야 되고 국가에 맡긴 아이들 공교육에 맡긴 아이들을 이렇게 죽여놓고, 구조할 수 있는 시간이 넘치는데도 안 구조하고, 그래놓고 어떻게 마지막까지 애들한테까지 그 시신마저도 갈 곳이 없게 만들 수 있는 사람들이냐고. "니들이 사람이냐!"고 따질 수밖에 없었고요. 대통령까지 가만 안 둔다고 "뒤집어 다 엎어, 여기서 나부터 안 가버리면 이 사람들 다 안 가버릴 거라고" 엄포 놓고 그렇게 할 수밖에 없었죠.

그랬더니 거기서도요, 너무 놀라운 게 그 슬픈 그 상황 안에서도요, 아까 같은 그런 분들, 제가 말했던 이런 게 나오는 거예요. 어디 어디 병원은, 그 전에 성호가 시신으로 나와서 제가 제 정신이 없고 성호라는 거를 얼굴을 보고 확인을 하면 부모가 "맞다" 그러면 맞아야 되는데, [확실히 하기 위해] 유전자 검사까지 끝나야 되는 거고 다 확인을 해줘야 되는 거예요, 사진으로 확인해 주든지

성호 엄마 정혜숙

되는지 뭘로 확인해 주든지 이렇게 해야 되는데(한숨). 그래 놓고도
요… 장례식장도 그렇게 빼돌리기를 하고, 먼저 나온 애들이 갈
수… 가야 되는 게 정상인데 갈 수 없는 상황이 되고 그런 거예요.
갈 때는 한두 군데 병원이 있었어요. 두 군데 병원이 있긴 있었는
데 다 멀었어요, 멀고.

　일단은 제가 그런 제스처를 안 해놨으면 모르는데, 절차를 그
렇게 만들으라고 다 해놨는데도 불구하고 그들이 말을 안 들었기
때문에 성호부터 일곱 명씩 계속 나오는 거예요. 애들이 두 차례,
먼저 두 차례가 나왔고 좀 시간 텀[간격]을 두고 나왔고 이런 식으
로 하니까 벌써…. 성호부터 나온 애들이 17명씩, 14명이잖아요,
일곱 명씩 뉘어보니깐. 얘네들이 어디로 가냐고 그 아침에. 그런
상황이 벌어지니까 화를 낼 수밖에 없는 거잖아요. 내 아이는 거기
병원 두 군데에 어디든 멀든 가까운들 갈 수 있다고 쳐요. 나머지
애들은 길거리에서 뭘 어떡하라고… 그런 일이 벌어지는 거예요.

　그리고 그 전날 냉동고를 짓고, 냉동고가 지어졌어요. 6개인가
지어졌는데 그 냉동고에도 신원 확인이 안 된 애들이 꽤 있었던 거
고 그런 상황인 거예요…. (떨리는 목소리로) 그리고 그 냉동고에 애
를 또 기다리게 한다는 것도 기가 막혔고요. 데리고 가서 장례를
치르는 것도 말이 안 되니까 기가 막혔고요. 장례를 치르면 안 된
다고 전 생각을 했어요. 그런 사람 중에 하나였고 4일째 되면서부
터는 그런 얘기들이 오고 갔던 거 같아요. 부모들의 회의에서 장례
를 치러야 되나, 장례를 치르지 말아야 되나 이런 것들이 왔고, 또

해수부가 하는 짓거리들이 그랬어요.

개네들이 우리한테 주는 게 뭐였냐면, 밤12시 회의에서 부모들 회의를 붙여놓고 한다는 말이 "공동 장례식을 할 거냐, 합동 장례식을 할 거냐 개별 장례식을 할 거냐 뭐 합동으로 추모관을 만들 거냐 한 군데로 합동으로 할 거냐, 개개인별로 선산으로 가든지 이런 것들을 할 거냐 이런 것들을 (한숨) 부모들한테 쪽지 주고 결정해라" 이러는데, 부모들이 경험도 없는 사람들이고 사회 이슈나 이런 거에 정치나 또 이렇게 국가 폭력이나 이런 것들에 관심이 없었던 사람들이고 그렇기 때문에, 어떻냐면 내 아이가 차가운 물속에서 빠져 죽었다는 것만으로도요, 애한테 미안해서 대부분 부모들이 애한테 미안해서 애를 냉동고에 다시 얼마가 될지 모르는 동안 기다리게 한다는 것, 이것을 애한테 미안해서 못 한다는 생각을 대부분이 많이 했어요.

근데 저는 생각이 좀 달랐거든요. 너무 분하고 너무 분노스러웠기 때문에 이거는 제 생각은 처음부터가 그랬고요. 직감으로 오는 것들은 국가 폭력이고 국가가 구조하지 않은 상태부터 얘기를 했는데 이런 참사가 일어나게 된 원인부터 저는 생각을 했기 때문에 (한숨). 저는 이거는 계획 살인이고 학살이라고 생각을 처음부터 했었고요. 첫날 밤에 봤던 [현장 상황] 확인, 이런 것들을 제가 그렇게 얘기를 했잖아요. 거기 갔다 온, 현장에 갔다 온 부모는 이십에서 3, 40명밖에 안 돼요. 그리고 새벽에 가서 본 부모들이 열몇 명 될 거고 50여 명 5, 60여 명밖에 안 되는 거예요. 근데 또 국가 폭력이라고 생각하는 사람들, 학살이라고 생각하는 사람들은 그 안에서도 많지 않은 거예요. 그러니까 분노보다는 조바심, 내 새끼가 죽었을 거 같은 그런 아픔 이런 것들이 전부였고, 왜 구조하지 않은 것에 대한 원망 이게 많았지, 저처럼 그 분노, 학살에 대한 분노를 가져간 사람이 많지 않았던 거 같아요. 그래서 그 생각들이 달랐던 거예요.

그래서 5반, 6반. 제가 5반인데 5반이나 6반이나 이런 데는 제가 쫓아다니면서, 왜냐하면 옆에서 회의를 하니까 쫓아다니면서 "이거는 우리는 싸움을 지속적으로 해야 되고 우리 애들이 왜 죽었는지 왜 구조하지 않았는지에 대한 싸움을 해야 된다. 그래서 장례를 치르면 안 된다, 너무 억울하기 때문에. 지켜주지 못한 내 새끼들한테 왜 구조하지 않았는지에 대한 이유라도 그 애들한테 밝혀주려면, 우리가 힘 있게 싸우려면 이걸 가지고 싸우려면 합동 장례로 가야지 개별 장례 했다가는 아무것도 못 한다. 그때부터는 싸움은 단 5프로도 하기가 어려울 거"라고 그런 얘기들을 하고 다녔어요.

그럼에도 귀에 안 들어오는 부모들이 많았고, 우리 반 같은 경우는 굉장히 보수적이고 굉장히 어두운 사람들임에도 불구하고 50프로 이상 그래서 반반, 반수가 조금 넘어서 그렇게 만들어놨어요. 그렇게 만들어놨는데 한 반이 아니잖아요. 열 반이잖아요. 한 반이 아니고 열 반이니까 그걸 어떻게 할 수 있는 방법이, 거기다가 분노하는 부모들이 "왜 지금 이걸 해야 되느냐, 애들을 찾는 게 먼전데 뭐 이 서류 쪼가리 이거 하는 게 뭐가 중요하냐" 이렇게 하는 부모들 일부가 있었고, "어떻게든 애들을 찾으면 애들이 춥지 않게 해줘야 된다" 이런…. 애는 이미 갔고 애는 육신은 껍질밖에 아닌데 그걸 그렇게 분리해서 생각을 못 하는 부모들이 너무 많았기 때문에 어쩔 수가 없었죠.

그래서 그거는 제가 보기에는 부모들의 잘못이라기보다는 해수부의 계획적인 유도, 이거였어요. 그래서 밤잠 못 자게 부모들을 그렇게 했고 추운 밤에 그런 것들을 회의를 하게 했고 그리고 어떤 결에 정신없고 너무 아프고 고통스러울 때 그냥 [결정]해 버린 거예요, 그런 식으로. 그런 일이 벌어졌어요. 그래서 저는 너무너무 화가 났고요, 그랬죠.

그리고 정신없는 부모들 앞에 나서는 사람들이 생겨났어요. 여기 저기 와가지고 별별 소리를 다 하러 오는 사람들 그런 사람들이 막 생겨났어요. 그래서 밤에 회의하고 이러면 부모들 불러서 이상한 목사, 이상한 사람들 와가지고 뭘 어떻게 어떻게 하면 애들한테 도움이 된다 이런 식으로… 무슨 소리도 귀에 잘 안 들어오고 이럴 땐데.

6
성호의 장례

면담자   개별 장례가 결정이 되고 난 다음에 성호도 돌아온 거죠?

성호 엄마   그런 거죠.

면담자   그래서 성호와 함께 나온 14명의 친구들이 있었는데 다들 각자 장례식장으로 갈 수밖에 없었던 거고?

성호 엄마   그래서 뒤집어엎었고 그랬더니 뭐가 나왔냐면 가까운 병원이 나온 거예요, 가까운 병원이 나왔는데…. 네. 가까운 병원이 어디냐면 안산에 온누리병원, 한도병원이에요, 걸어서 다닐 수 있는. 저는 어떤 생각이었냐면 어른들이 오는 거는, 어른들은 이런 사회 이런 집단의 대한민국을 만들었고 그들은 저런 인간들이 저런 악마 같은 정치인들이 이 땅에 발 딛고 있게 만든 것도 어른들이란 생각. 나부터, 어른들이란 생각이 들었기… 어른들이 애를 보러 올 자격이 없다고 생각이 들었어요.

특히나 성호 같은 경우, 저는 다른 애들도 다 착하고 다 좋은 애들인 거 알고 성호한테 듣기로도 이상하게 착한 애들이라고 이런 얘기를 많이 들었고…. 특히나 착했던 성호가 그 애들을 너무 좋아했고, 중학교 때 애들보다 얘네들을 더 좋아했고, 고등학교 때 애들을 더 좋아할 정도로 애들이 착하다는 걸 알고 있었고 성호랑 대화 속에서 알고 있었고, 그럼에도 불구하고 어른들이 다 싫어져 버렸어요.

그래서 어떤 생각이냐면 성호 장례식에, 애들의 장례식에 어른들이라고 부모들이고 나를 아는 어른들이라고 찾아오는 자체도 너무 싫은 거예요. 그래서 저는 이런 생각이었어요. '아이들이 봐야 된다. 아이들이 봐야 되고 아이들이 기억해야 된다'는 생각을 더 많이 했고 '성호 친구들이 와야, 걔네들이 편하게 성호를 찾아올 수 있게 마지막으로 성호를 보낼 수 있는 그 환경을 만들어야 된다' 그 생각을 했어요. 그랬고 그래서 '가까운 데여야 된다'는 생각이 더 들었던 거고 그래서 그렇게 뒤집어엎고 나서 안 가겠다고 했어요. 장소 다 마련할 때까지 안 가겠다고 그랬더니 나온 게 온누리병원하고 한도병원이 나왔는데, 그때 제가 뭘 했냐면 신부님한테 그 얘기를 했어요. 그랬더니 신부님이 "장례를 치를 수 있는 성당을 찾아보자" 그래서 수원교목부터 다 찾았는데 다 멀고 쉽지 않고 냉동고가 없고 냉동고가 문제가 되고….

장례를, 합동 장례를 치러야 된다고 했지만 부모들의 생각이 많이 달랐다고 했잖아요. 그리고 그들이 급하게 이렇게 뽑아다가 결정을 내려버리고 그러니까 부모들이 똑똑해질 새, 정신 차릴 새 없이 해버릴 일을 그들이 만들었고 그래서 개별 장례를 치를 수밖에 없게 했기 때문에 그래서 나도 따라갈 수밖에 없는 상황이었고요. 먼저 간 부모들을 원망했지만 그게 아니라 해수부의 전략이었어요, 전술이었어요. 방법이 없게 넘어갈 수밖에 없는 거고.

그렇게 해서 온누리병원 냉동고만 빌리기로 했고요. 우리 성당에서 치르는 걸로 결정을 했어요. 그래서 성당에 성호의 빈소를 차리는 걸로… 그래서 애들이 아무 때나 올 수가 있게 됐고요, 그렇게 했죠.

면담자   아버지는 어떠셨어요?

성호 엄마   아버지도 그렇게.

면담자   성당에는 3일 동안 있었던 거죠?

성호 엄마   그렇죠. 아니요, 이틀. 5일장을 치르자고 처음에 얘기를 하더라고요. 그렇게 성당에, 사람들이나 성당에 해를 주고 싶지 않았어요.

면담자   네. 친구들 많이 왔어요?

성호 엄마   친구들은 토요일 날 와서, 토요일 날 장례였나? 24, 25일이잖아요. 24일 날 와서 아, 모르겠다. 생각이 안 난다. 장례를 이틀 만에 치러버리는 3일장이 아니라 그니까 23, 24, 25일 장례를 치르는 상황이 됐으니까 되게 짧았죠.

면담자   23일 날?

성호 엄마   23일 날 안 왔다니까요. 왜냐하면 유전자 검식이 끝나야 되고 제 앞에서 [유전자 검식을 하고] 갈래, 말래를 [결정해야] 했어요. 왜냐하면 그때 아이가 하나 바뀌어서 다시 내려오는 상황이 됐어요, 원석이가. 장준형이라고 있어요, 준형이라고. 준형이 부모가 잘못 알아서 원석이가 올라왔다가 내려오는 상황이, 둘을 맞바꾸는 상황이 있었기 때문에 제 앞에서 "유전자 검식 없이 갈래?"가 제 앞에서 결정이 됐고, 갈래 말래 하는데 저는 이 시스템에 너무 너무 화가 났고 분노했고 그랬기 때문에 내가 오늘 우리 아이가 하루 더 이 색깔이 변하고 시신이 부패되고 이거는 관계가 없었어요,

저한테는. 다른 부모들은 그게… 왜냐하면 금방 태워서 애를 없애 버릴 거잖아요. 그게 뭐가 중요해. 그래서 24일 날 올라왔어요.

7
장례 후 다시 내려온 진도

면담자   아버님이 호소문을 쓰신 적 있다고… 그게 날짜가 언제였죠?

성호 엄마   18일 날인가?

면담자   초기에 호소문 쓰셨네요?

성호 엄마   최초로.

면담자   어머니는 성호를 데리고 올라온 다음에 다시 진도로 내려가시진 않으셨어요?

성호 엄마   내려갔어요. 장례 치를 때도 너무 아파서 혈압이 그때 막 올라가서 230 이렇게 올라가 있으니까, 그날 쓰러졌다고 했잖아요, 진도 다리 가고 이럴 때. 19일 날 밤에 쓰러져 가지고 그때부터는 혈압이 안 내려가는 거예요. 그래서 계속 올라가 있고 애는 장례를 치르는 상황이 벌어졌고, 그때 그렇게 그들이 시스템 자체를 그렇게 돌리고 있고(한숨), 정부가 이렇게 거짓을 하고 있고 구조하지 않고 그랬으면 나머지 후속이라도 제대로 해야 되잖아요.

그런데 그런 거 자체도 아무것도 제대로 안 하는 거 이거가…(한숨) 악마도 이런 악마들이 없다고 생각을 했고요. 다 악마로 보였어요, 마귀 새끼들처럼. 그래서 너무 고통스럽고 힘들었고 이게 혈압으로 갔고 내려가지 않는 상태로 돼버렸고, 장례를 치를 때도 성호 데리고 오는 거 말고 이 시스템에 [대한] 분노, 시스템의[에 대한] 분노예요. 애가 없는 것보다 애의 죽음보다도 더 힘들어지는 게 이 시스템의 분노예요, 그런 것들.

　　그래서 병원에, 성호 있는 온누리병원에 입원해서 링거 맞고 혈압 낮추고 이 짓을 해야 됐고요, 그랬죠. 그러고 나서도 열흘은 아무것도 할 수가 없었어요. 제 정신일 수가 없었어요. 그래서 병원에 입원을 열흘 동안 했어요. 그러고 나서 열흘 후에(한숨) 퇴원, 무작정 퇴원하지 말라고 이러는데 내가 지금 아픈 게 정상이지 안 아픈 게 정상이 아니거든요. 그러니까 어찌 됐든 이 상황을 견뎌내야 되고 나보다 지금, 나는 애래도 찾았지만 어쨌든 마지막이 될지도 모르는 고통에서는 벗어났잖아, 그 고통에서는 벗어났으니까…. 아직도 그러고 있는 부모들은 마음이 어떻겠어요. 그래서 딸내미 하나 데리고, 제가 아파서 혈압이 올라가서 언제 쓰러질지 모르는 상태니까 애가 저를 보호할려고 따라간 거고요. 그래서 진도에 갔었죠. 진도에 가서 아직 돌아오지 못하는 그 너무 힘든 시간을 보내고 있는 부모들, 함께 가서 있었죠. 한 3주 있다가 오고 그렇게 올라왔는데도 불구하고 돌아오지 못한 애들이 또 있었고요.

　　처음에는 일주일 있다가 올라와서 이틀 있다 또 내려갔어요.

그렇게 해오면서 3주가 돼버린 거고 그러고 나서는 올라왔다가, 그래도 우리 반 애들이 두 명이 남아 있었어요. 내가 내 몸도 너무 아프고 우리 애들도 너무 아프고 어찌할 수 있는 방법이 없고… 이거는, 거기는 전쟁 중이고요, 여기는 전쟁의 폐허예요. 무슨 말인지, 애 찾은 부모들은 전쟁의 폐허 그 상실 그거고, 지금 거기는 애를 못 찾은 부모들은 전쟁 상태예요. 마음이 다 그런 상태이기 때문에 그곳에 가서 해줄 수밖에… 그래서 내려가서 우리 반을 다 찾을 때까진 함께 있어줘야겠다 해서 4, 5일 있다가 우리 반 다 찾으면서 올라왔죠. 그랬어요.

8
가족대책위 활동

성호 엄마 　올라왔더니 여기서도 올라온 부모들이 회의를 하게끔 모이고, 그렇게 장례를 치른 부모들이 모이기 시작했는데 아… 그전에도요, 성호가 나오기 전에 우리가 회의를 하면서 어떤 얘기를 했냐면 "합동분향소[정부합동분향소]를 차려야 한다. 올림픽기념관이 작다"고 얘기를 했거든요. "와동체육관, 올림픽기념관 작다"고 얘기를 했고…, 우리는 여기 화랑유원지 주차장 거기에다가 크게 합동분향소를 차려줘야 된다고 얘기를 했었어요. 부모들이 요구한 게 여기 "화랑유원지에 합동분향소를 차려달라". 왜냐면 300명이 넘잖아요.

그리고 그전에 애들 숫자가 계속 바뀌었어요, 숫자가 계속 바꿨어요. 그니까 배 안에 몇 명이 탔는지도 모르겠고 숫자가 왔다 갔다 잘 모르고 얘네들은 "정확히 승선 인원이 몇 명이냐" 그러면은 몰라서 바뀌고, 바뀌고…. 뉴스에 나왔잖아요. 그걸 우린 현장에서 겪어야 되니까, 그랬으니까 너무 기가 막히잖아요. 부모들도 300명 이상이라고 생각을 하고 있는데 이들은 거짓말로 말하고 그게 아니라고 얘기하고 자꾸만 뒤바뀌고 이러니까 너무너무 기가 막혔죠.

올림픽기념관에 300명 못 놓아요. 와동은 너무 구석이에요. 왜냐면 전국에 사람들이 몰려올 거라는 생각을 하잖아요. 이, 이렇게 고통스러운데 그 진도체육관, 진도 팽목에도 봉사자들이 몰려오기 시작하는데요. 그러는데 애들 분향하러 안 오겠어요? 그러면 거기에 300명을 놓고 그 주차도 문제고요, 거리도 문제고 길도 2차선이에요. 어떡할려고… "안 된다"고 하는데도 불구하고 그들은 와동이 아니고 올림픽기념관, 글로 애들 합동분향소를 지들이 차린 거예요. 너무 기가 막히죠, 어처구니가 없어 가지고…. '저것들이 무슨 짓 해' 속으로 이 분노할 수밖에, 모든 시스템이 분노할 수밖에 없는 시스템인 거야. 그래서 '택[턱]도 없는 소리한다고 겪어봐야 돼, 한번 두고 보자'. 지들이 다 결정해서 그렇게 하니까, 회의를 그렇게 했음에도 불구하고 안 들어주니까, 우리말은. 그랬더니 결국은 성호… 장례 치르고… 치르는 날인가요.

면담자　　　　장소를 바꿨어요?

성호 엄마   어떻게 어떻게 됐어요. 장례 치르기 전날인가 이렇게 해서 바뀌었어요. 여기다가 한다고 바꿨어요. 그래서 화랑유원지에 짓고 한다고 그래서 옮기고 이런 일이 벌어진 거예요. 기억도 잘 안 나네, 그렇게 됐어요. 〈비공개〉 [장례 방식으로] "개별 장례를 그렇게 치르고 합동 장례를 한번 마지막에 애들 다 찾으면 하겠다" 이런 거이긴 했지만 저는 싸움을 할 수 없다고 생각이 들어버린 거예요. 시신이 없는데 어떻게 싸워요. 뭘 싸워요? 이 조작 싸움 속에서 우리가 싸울 수 있는 건 아이들 시신이 있을 때 싸울 수 있는 힘이 있지, 국민들의 힘으로 가능하지. 개별 장례 치르고는 싸워봤자 고통만, 장기전일 수밖에 없는 거고… 그렇다고 생각이 들었어요. 그리고… 뭘 얼마나 밝히겠어요. 권력을 가진 사람들이 하는 짓인데 뭘 얼마나 밝히겠어요. 이 생각이 들었어요. 그래서 너무 화가 났었고, 이 어리석음에 부모들의 어리석음에도 너무너무 화가 났었고, 그렇게 끌고 가는 저들의 시스템 이거 자체가 이거는 지옥의 시스템. 이런 것들이 너무 기가 막혀서…(한숨). 대책위가 어떻게 되든 말든 전 뒤에 있었어요. 〈비공개〉

그래서 어떻게든 나서긴 나서야 되는데 안도감, 마음도 못 놓으면서 나서자니 이게 싸움이 너무 지난한 싸움일 수… 될 수밖에 없고 이러니까 선두에 서기도 그렇고 이런 상황이었죠. 그래서 애 아빠한테는 "나서지 마라" 얘기를 했었구. 그러나 정보는 계속 들어야 하고 그런 상태였고. 〈비공개〉 근데 그 전에도 변호사들 이런 사람들이 막 찾아왔는데, 놀라운 건 뭐냐면 위정자들도 그렇고 변호사들도 그렇고 모든 학살이든 이런 음모 이런 것들이 남발할 수밖에 없는 그런 사회.

면담자　　시스템이죠?

성호 엄마　　시스템을 만들어냈던 그들이 그들이다. 정말 책임을 지고 국민을 위해 앞장서서 일해야 되는 그런 공권력이 다 그런 거잖아요. 공무원들이 다 그런 거고 그다음에 그런 변호사나 이런 사람들이 존재의 가치가 힘없는 사람들, 언론도 마찬가지잖아요. 힘없는 사람들의 입을[이] 돼줘야 되고 약한 사람들의 발이 돼줘야 되고…. 그런 사람들의 탐욕과 그다음에 지들의 줄서기 이런 것들의 일이 벌어진 거라 생각을 하기 때문에 꼴 뵈기 싫었어요. 그러나 그들의 힘을 안 빌릴 수도 없는 상황 이러니까.

면담자　　그래도 변호사 분들이랄지 도움 준 분들도 계시잖아요?

성호 엄마　　〈비공개〉 변호사 없이 싸움을 할 수 없는 상황인 거잖아요, 법률적인 거 이런 것들이 가야 되니까. 부모들이 막 그 사람들을… 내쳤죠, 먼저 찾아왔는데. "우리가 힘들게 싸워주겠다" 하면서 찾아오는데… 대한변협[대한변호사협회], 민변[민주사회를 위한 변호사모임] 해서 찾아오는데, 그 사람들이 오는 것을 "검열이 안 된 사람들이다. 우리는 그 사람들을 믿을 수 없다" 그러면서 막 내치는데 …(한숨).

　　그들을[변호사들을] 불렀죠, 제가. 부모들한테 외면당하고 이러면서 불러서 얘기를 했어요. "당신네들 얼마만큼 싸워줄 수 있냐, 왜 왔냐?"부터 물었고 "얼마만큼 싸워줄 수 있냐, 끝까지 갈 거냐, 부모 편에 설 거냐 정부 편에 설 거냐. 부모들 이렇게 자식 죽은 부모들이, 이보다 더 아픈 사람들이 없는데 이 사람들 이용해서 자기네 발판으로 싸울 거냐, 아니면 정말 아픈 사람 편에서 싸워줄 거냐?" 이걸 물었죠. 그런다고 그 사람들이 자기 마음에 있는 걸 다 얘기하진 않겠죠. 두 가지라고 생각을 했어요. '이걸 발판으로 지명예, 경력 쌓기로 오는 인간들이 있을 거고, 하나는 정말 가슴이 아파서 약한 사람들과 함께하고 싶어서 오는 사람들이 있을 거다'라는 생각을. 그들이 나약한지는 얼마나 강한지는 싸움을 해봐야 아는 거고, 그래서 도와달라고 얘기를 했죠. "끝까지 갈 겁니다" 이러는데, 도와달라고. 그럼 믿게 하라고. 믿게 하지 않으면 중간에 언제든지 내칠 거라고. 그리고 "공개적으로 당신들 이름을 거론할 거다. 언론에 거론할 거다. 언론이 우리 말을 안 들어줘도 우리는 할 거다" 뭐 이런 식으로 했죠. 그래서 "끝까지 부탁한다".

이런 것도 얘기하고 이래서 변호사 둘을 "부모들이 아무리 내쳐도 무릎 꿇어라, 거기까지 해달라. 그리고 눈물 흘려라, 그거 해달라. 그래야 당신들이 여기 와서 일할 수 있다" 이런 얘기를 했을 때 황필규 변호사하고 배×× 변호사가 "그러겠다"고 "어머니도 끝까지 남아달라"고 이렇게 얘기를 했어요. 그러자고 그렇게 얘기를 했었는데 배××이 끝까지 못 가고 해수부에 넘어가서 정부 측에 그렇게 했죠. 그래서 진도로 책임 대변, 대변[인] 비슷하게 그렇게

성호 엄마 정혜숙

가 있으면서 실종자 가족들을….

면담자　　실종자 가족들을 합의를 하게 만들었어요?

성호 엄마　　네, 그랬죠.

면담자　　지금 실종자들 분들이요, 아니면은?

성호 엄마　　지금 실종자죠, 10명. 미수습 10명 있을 때.

면담자　　지금 아홉 분이신데.

성호 엄마　　그렇죠.

면담자　　배×× 씨 같은 경우에는 언론에 많이 나오셨잖아요?

성호 엄마　　나왔었죠, 그렇죠. 언론에 많이 나왔었죠.

면담자　　대표로 기자회견도 하고.

성호 엄마　　대변인처럼.

면담자　　저흰 그런 줄 알았어요.

성호 엄마　　저희가 [유가족과 미수습자 가족] 양쪽으로 도움 요청을 했고요. 그렇게 해달라고 요청도 했었고요. 그다음에 그렇게 해야 된다고… 왜냐하면 우리는 먼저 찾은 부모들이고 미수습 한 부모들이 있는데, [미수습자] 숫자가 점점 줄어들면서 그런데 먼저 찾은 부모들이 원망스러운 거잖아요. 사람들이 얼마나 불안하고 얼마나 고통스럽고 제정신일 수가 없잖아요, 나중에는. 그럴 수밖에 없잖아요, 시스템이. 그러면 우리끼리 안에서 싸움이, 내분이 일어나는 것들을 봉사자들이나 국민들에게 보여줄 수 없죠.

[그리고] 중간에 법률적인 거 우리는 잘 모르고, 그다음에 해수부나 이런 데에도 논리적으로 싸워줄 사람도 필요하고, 그다음에 또 근거를 만들고 찾아내는 데도, 우리보다 더 똑똑하게 [변호사분들이 도와주시죠]. 우리는 지금 너무 아파서 아무것도 못 하고 있잖아요. 그리고 모르니까 이런 일이 처음일 수밖에 없고 그러니까 이게 근거가 되는지 저게 근거가 되는지 이런 것들을 낱낱이 기억을 하고 자료를 만들어놓지 못하니까. 그리고 너무 아파서 그거 못 해요. 도와줄 수 있는 사람이 필요하니까 그 얘기를 한 거예요. "와서 도와달라". 그리고 가족협의회에도 얘기를 했던 게 양쪽에 변호사가 있어야 한다고, 얘기를 했었고 이렇게 했는데…(한숨).

면담자   실종자분들?

성호 엄마   실종자분들이 변호사들이 내려가 있을 때 좀 서글서글하기도 비위도 잘 맞춰주고 위로도 잘하는 배××변호사를 선택을 한 거예요, 그랬죠. 실종자 가족들 미수습 가족들에게도 이렇게 "도움을 필요로 해야 된다. 변호사 요청해라" 이런 얘기를 해놨고 임시 협의회였지만 그렇게 도와줘야 된다고 안건 내고 다 했었고 이렇게 해서 결정은 그렇게 한 거예요. 근데 그게 이렇게 배신으로 올 줄 몰랐죠.

면담자   조금 서운하시지는?

성호 엄마 정혜숙

성호 엄마   분노스럽죠, 너무 분노스럽죠.

면담자   어떤 점에서요?

성호 엄마   매국노 같았죠. 저의 경력과 출세 길을 위해서 가족들을 버린 거잖아요, 이용한 거잖아요. 결국엔 그들에게 넘어가서 그런 사람이니까. 국가 편에서 미수습자들을 이용한 게 돼버린 거죠, 그 아픈 사람들을.

면담자   합의를 하기로 종용했기 때문에.

성호 엄마   그렇죠. 어떻게 [배 안에] 가족이 남아 있는데 끝까지 싸워봐야 되고 그다음에 배를 인양을 해봐야 그 안에 아이들이 있는지 없는지 확인까지 들어가야 [하죠]. 이 사람들이 평생, 평생 여기서 벗어나지 못하겠고 애를 장례를 치렀든 안 치렀든 간에 평생 아픔이고 평생 싸워져야 되고 짊어질 짐이긴 하지만, 아이를 수습한 거랑 그래서 부모로서 지켜주지 못한 마지막을 하는 것과 안 하는 것은 너무 차이가 나는 거거든요.

면담자   네, 그렇죠.

성호 엄마   마지막을 해줘야 되는 거 아니에요. 그거마저도 포기하게 만들은 저 인간은 인간이 아니지.

면담자   그 뒤로는 어떻게 됐나요?

성호 엄마   그 뒤로는요. 그 전에는 제가 진도체육관에 내려가거나 팽목에 내려가거나 이러면, 배×× 변호사가 저한테 그런 말을 했어요. "고맙습니다, 어머니. 어머니가 처음부터 똑똑하게 그렇게 해주셨고, 올 수 있게 해줬고, 그래서 감사하다. 그래서 제가 일할 수 있게 이렇게 아픈 일에 동참할 수 있게 해서 저는 보람이다" 이런 얘기들을 했어요. 그리고 저도 부탁을 했어요. "끝까지 우리가 약속했던 그것 끝까지 해달라". 장모님이 수술한다 이럴 때, 애가 여섯 살짜리인데 놔두고 이렇게 떨어져 와서 이런 것들에 대해서도 위로를 주고. "얼마나 애가 보고 싶겠냐". 우리는 애가 이렇게 다시는 볼 수 없는 애가 돼서 너무너무 가슴 아프지만 못 보고 떨어져 있는 것도 이것도 너무 고통스럽고 애한테 미안해서, 아빠한테 미안한 것보다 애한테 미안한, 아빠를 뺏은 거랑 같은 느낌이잖아요? 그런 느낌이라서 "정말 미안하다, 교대해 줄 변호사가 없는 것도 미안하다" 이런 얘기까지 했어요. 그런데 이런 일을 만들고 저한테 미안하다, 뭐 어떻다, 이렇게 암시적인 얘기나 이런 것도 없었어요. 물론 없었겠죠. 나쁜 짓을 할려고 하면 없어야겠죠. 그런 거가 그 배신감이 말할 수 없었죠.

면담자   가족대책위 활동을 여쭤보지 않을 수 없을 거 같은데요. 광화문에서 7월, 8월 이럴 때 계속 특별법 제정을 중심에 두고 같이 활동을 했었고요. 가족분들도 계속해 주셨는데 그런 집중된 하나의 요구 사항이 어떤 것이었나요? 한편으로는 가족대책위가 계속 언론에 노출이 됐잖아요. 그러면서 불미스런 일들도 생기고, 진실은 어땠는지 몰라도 여론도 막 바뀌고. 그게 장례 치르자마자 가족분들이 계속 감내해야 했던 상황이었잖아요.

성호 엄마   그렇죠.

면담자   그 부분에서 어머니 심경이 어떠셨나요?

성호 엄마   그 부분에서는요. 가족은 어찌 됐든 싸움을 하든 싸움을 하지 않든 간에 가족대책위가 필요하다 생각을 했고요, 음. 경험이 있는 사람이 있었으면 했어요. 근데 아빠들이, 저는 몸이 너무 아팠고요. 이미 임시로 가족대책위를 꾸려놓은 상태였고 근데 "반모임을 하겠다, 반별로". 아이들이 학교에서 반 대표가 있고 소그룹으로 운영을 했던 거처럼 우리도 반별로 하기로 했어요. 그리고 가족대책위가 임시대책위로 가기로 하고 했는데 〈비공개〉 반모임을 할 때 저는 이 싸움은 평생을 싸워야 하는 일이라고 생각을 했기 때문에, 저는 갈 거고 가야 되는 거고 진실이 안 밝혀져도 아무것도 해줄 수 있는 게 없잖아요. 밥 한 숟갈 떠줄 수 없는 거고 눈 마주칠 수 없는 아이한테 해줄 거는 그 아이 목숨값을 내가 대신 살아주는 것, 이거밖에 없다고 생각을 해서 '내가 사는 게 아니라 걔가 살게 해야겠다' 이런 생각이었고요. 〈비공개〉 엄마가, 최종적으로는 저는 엄마가 나설 수밖에 없는 일이라고 생각을, 왜냐하면 어떤 싸움이나 보면 남는 게 엄마들이 남아요, 여자들이 남아요. 그래서 엄마들은 끝까지 남을 사람들이니까, 아빠들이 처음부터 빠져나가면 안 된다고 생각을 해서 반 대표도 안 하겠다는 아빠들을 일부러 세운 거고 숫자를 많게 해야 되는 상황이고 관심을 갖게 해야 되는 상황이라…. 〈비공개〉

특별법 제정 과정과 가족 지원 및 보상 문제

면담자   유가족들이 특별법 제정을 촉구하는 서명운동을 시작하는데요. 그 과정에 참여하셨나요?

성호 엄마   일단은 '회의 한번 들어가 봐야겠다'는 생각이 들어서 갔어요. 갔는데 이제, 그때쯤에 5월 말 5월 중순 이땐데 그때쯤 그죠, 한 달 후니까 거의 3주 [진도에] 갔다 오고 또 한 번 갔다 오고 한 달 후 정도 됐어요. 근데 그때 논의되는 것들이 특별법이 논의가 막 되기 시작하는 거예요(한숨). 기가 막힌 거예요. 가만히 있어도 지들이 위정자들이 밝혀줘야 되는 거잖아요, 밝혀줘야 돼. 그런데 국민들은 저렇게 아파 가지고 다 추모하러 오고 엄청난 숫자가 막 찾아오고 "못 믿겠다"고 "가만있지 않겠다"고 이러고 있는데 위정자들 하는 짓 좀 보세요. 그리고 가족들이, 3자협의체 얘기가 나오고 그러면 가족이 빠지면 안 되는 거잖아요. 근데 "3자협의체 안 된다, 된다" 이런 얘기가 나오니까(한숨) '얼마나 조작하려고' 이런 생각들이 들어서 회의를 안 들어갈 수 없는 상황들이 자꾸…. 그리고 특별법을 어떻게 만들까를 고민들을 하기 시작하는 거예요, 특별법을. 변호사들하고 그다음에 야당 국회의원들 하고는, 내용이 특별법에 별 내용이 없고요. 뭐가 들어가냐면 진실이 안 밝혀질 거니까 "권력의 힘에서 [의해] 이게 참사가 벌어진 일이라 진실이 밝혀지기는 너무나 어려운 일이다"라는 것을 전제로 깔고 "보상이나 많이 받아라. 우리가 해줄 수 있는 거는 보상".

면담자   야당이랑 변호사들이요?

성호 엄마   야당의 내용이 그거예요, 보상을 많이 받게 해주는 것. 그러니까 분노스러운 거지. '니네 안 싸우겠다는 거지, 니네 진실 안 밝히겠다는 거지? 그냥 권력에 니네는, 니들 똑같은 놈이네' 이런 생각이 들었고요. 여당은 말할 것도 없고요. 개쓰레기 같은 것들을 특별법이라고 지들 이름 내기, 명예 내기 위해서 가지고 들어오는 거예요. 기가 찼어요, 기가 찼어.

그것도 기가 찼고 애 장례 치르면서 보건복지부, 걔네들 하는 짓들도 너무너무 기가 찼고요. 그리고 저기도 뭐지, 트라우마 상담사 이런 사람들을 뽑아서 이렇게 보내는 것도 너무너무 기가 막혔고 뭐 하나 제대로 된 시스템이 아무것도 없는 거예요. 분노스러운 거는 곳곳이에요, 곳곳(한숨). 자격도 안 되는 사람들 그다음에 이런 트라우마도 알지도 못하는 사람들, 그들이 말 한마디를 하면 오히려 분노가 일게 만드는 것… 갖가지가 너무 많아서 너무 힘들었고요.

그리고 재난 지역이라고 해가지고 뭐 시스템 같은 거 재난지역에 대한 그 뭐야 보조, 긴급 보조해 주는 거 이런 것들이 다 아무것도 되어 있지 않으면서 뉴스만 내보내고. 국민들만 속이는 거예요. 그리고 우리는 해주는 게 없어. 그래서 변호사들을 섭외하고 우리랑 싸울 놈, 싸워줄 놈들이 누군지를 찾는 이것도 너무 힘들지만(한숨). 또 뭐가… 그리고 가족들이 서로 믿을 수가 없게 만드는 거예요. 왜냐하면 서로 너무 많이 당해서 그 학대 이거가 감시 이걸 너무 많이 당해서 가족과 가족도….

면담자   서로 배신할 수 있다?

성호 엄마   네. 서로 신뢰가 가지 않는 거야. 같은 아픔을 겪는 사람인데도 '쟤가 진짜야? 부모 맞아? 아닌 거 아냐?' 이런 생각까지 들 정도로 너무 많이 당해서…. 그런데다가 "니네 우리 뭐 해줄 거냐, 뭐 해줄 거냐?" 이렇게 하면 옷가지 갖다주는 거 이런 거 외에 없는 거예요. 그리고 반찬, 먹든 안 먹든 저기가 없어. 그 세심, 세심함. 세심함이 아니라 우리를 위한 게 아니라 우리를 위한 시스템이 아무것도 아닌 거예요(한숨). 지들 저기야.

면담자   자원하고 있다는 거 보여주기 위해서.

성호 엄마   네, 네. 생색내기. 그냥 막 뿌리는 식에 이런 거고, 배려나 정말 일하고자 하는 그거하고는 너무 머니까 그런 것들이 너무 힘들었어요. 도시락이 배달되는… 도시락 싫어하면 어쩔 거고 안 먹으면 어쩔 거고… 도시락은 못 먹어요. 밥이 오는데 애 장례를 치르는 사람들이 밥을 어떻게 먹냐고 웬만한 거냐고, 죽도 못 먹고 미음 먹는 사람들한테 버리거나 말거나 상태 파악 없어, 그냥 밥이 막 오는 거예요. 그래서 화가 나가지고 전화를 하게 만들고 아니면 그냥 갖다버리는 거예요. 집집마다 먹을 수가 없는 상탠데 도시락 배달이 오고 이러니까 갖다버리고 이런 것들이 많았죠. 그

성호 엄마 정혜숙

래서 회의를 하면서 "개선하게 해달라" 이런 것들이 오게 됐고.

그리고 긴급구조에 재난구조 이런 것도 "니네 뭐 해줄 거야" 이러면서 찾아가고 "우리 직장 못 나가, 우리 뭐 못 해, 일할 수도 없고, 건강할 수도 없고 아무것도 할 수가 없어. 니네가 어떻게 해줄 거야" 이렇게 따져야 하는 상황… 쫓아 다녀야 해. 시청부터 쫓아 다니고 "니네 와, 와서 부모들한테 브리핑해, 니네가 어떻게 해줄 건지" 이러면 와가지고… "이렇게 이렇게 어떻게 할 건지 플랜을 짜가지고 와" 이러면 겨우 끄적끄적해 가지고 오고.

그리고 이제 부모들이 제정신도 아니고 한꺼번에 다 모여 있는 게 아니잖아요. 애 하나 찾으면 하나 올라오고 애 하나 찾으면 하나 올라오고 이러는 거예요. 그러면 처음에 알았던 불신, 원래 알았던 사람들도 아니고 진도에서도 정신이 없어서 어떤 사람은 얼굴을 알고 어떤 사람은 모르고 이렇게 되어 있는 부모들이 오면은 그 트라우마가 너무 심해 가지고요, 한 사람 올라올 때마다 싸움이 벌어져요, 회의할 때도. 한 사람 올라오면 와가지고 뒤집어엎고 "니네 뭐 하고 있는 거냐!"고 이렇게 돼버리는 거예요.

근데 이 위에[안산]도 알아서 해주는 제도가 아니기 때문에 여기서도 싸워서 만들어가야 되는 거고, 저 아래[진도]서도 긴급한 건 계속해야 되는 거고, 이쪽에서 저쪽으로 도움을 줘야 되는 상황이고. 이쪽[진도]에서 올라오면 여기[안산]에도 적응을 해야 되는 거고 이것이 너무너무 힘들었어요. 공무원들 하는 짓거리가 이거는 살고 싶지 않게, 원래 살고 싶은 마음도 없지만, 폐허 속에서 추스를 수도 없게 만드는. 그러면서 하나하나 만들어갔고 그들을 따라붙게 만들었고 어찌 됐건 삭여서 가야 되는 상황이라 어쩔 수 없이 그렇게 갔고요. 그리고 그 특별법이라는 것을 들고 왔는데 쓰레기 특별법, 지네 명에 내기 이런 거고 그래서 너무 분노스러웠어요. 그래서 부모들이 우리는 "진실 밝히는 것, 이것만이어야 된다". 보상? 보상은 생각할 때 어땠냐면 진실이 밝혀지면 보상은 당연히 따라오는 거지, 거기에 부합한 보상이 따라오는 거지. 그거보다 더해 보상을 우리가 달랜다고 니네가 줄 거야? 내 새끼 목숨값을 올린다고 니네가 더 줄 거야? 그거 아니잖아요. 그러니까 우리 그렇게 하지 말자. 지금 우리가 보상받는다는 것도… 봐요, 애하고 돈하고 바꿔요. 바꾼 돈이 어떤 생각이 들겠어…. 그 돈을 받는다는 거 자체도 용납이 안 되는 거고 애 목숨값을 앗아가고 돈으로 환산해 준다는 것도 미쳐 죽는 거고요. 그래서 돈 얘기하는 놈들이 사람으로 보이지 않으니까 그래서 너무 힘들었고.

3자협의체를 만들어야 되는 것, 이거를 더 해야 되는 상황이라 [가족들은] "돈 필요 없고 안전한 사회 만드는 거 넣어야 된다". 그래서 "보상 다 빼라, 우리는 보상 안 받는 거로 특별법에 넣어도 된다"까지가 [부모들의 생각]. 부모들이 그 회합에 계속 들어갔어요. 그래서, 왜냐하면 엉뚱하게 [내용이] 들어가거나 엉뚱하게 국민에[게 알려지면], 이거는 국민이 끝까지 우리랑 싸워주어야 하는 우리만 싸울 수 없는 일이라 국민이 따라붙게 할 수 있는 일을 해야 하는데 어떻게 해야 될까…. 우리가 보상받는 걸로 해서 언론이 이상

성호 엄마 정혜숙

하게 떠들고 더군다나 이용을 계속해 먹는데 "싸울 힘 없다, 국민이 따라붙을 수 있는 거 하라. 그러니까 보상[은] 웬만하면 빼라, 기본만" [해라].

그랬더니 야당이 안 된다고 나왔고 또 변호사들이 "그러시면 안 됩니다. 왜냐하면 진실 밝히기는 너무 어렵습니다. 보상이라도 받아야지 이건 정당한 겁니다". 보상[을 도저히] 어떻게 받냐고 말하는 부모들에게 설득을 하는 거예요. "보상이라도 받아두셔야 합니다. 이렇게 억울한 일에 이것도 안 받으면 안 됩니다". 그래서 "기본만 넣어라" 이렇게 된 거죠.

면담자　　　　많은 사람들이 와서 추모를 했는데 언론에서 보상 얘기를 하면서 한두 달 만에 여론이 바뀌었다는 게.

성호 엄마　　　그렇죠, 언론.

면담자　　　　특히 보상 얘기가 나왔을 때는 "장사한다" 이런 식의 보도도 나왔어요. 부모님들이 계속 지금 말씀하신 대로 끝까지 가려면 지지가 필요한데 그런 상황을 어떻게 이겨내셨는지요?

성호 엄마　　　어쩔 수 없는 거잖아요. 힘의 논리가 그런 거고, 이미 언론 시스템을….

면담자　　　　원망스럽잖아요.

성호 엄마　　　원망스럽죠. 기가 막히죠. 거기에 속는 국민이 더 밉죠. 근데요. 어떤 생각이 드냐면 나도 그렇게 살았잖아요, 나도 그렇게. '저들의 저 조작에 나도 그렇게 살았잖아. 그럴 수밖에 없는 시스템이야', 이게 되는 거예요. 그리고 과거가 떠오르죠. 그때 그렇게 언론인들이 뭐라 그랬어. 종편 만들어내고 종편이 그렇게 만들어지고 그러면 이제는 싸울 힘조차도 없는 거고 진실을 알 수 있는 사회가 아니라는 거, 조작된 사회로 넘어간다는 거 이런 거 우리 알았어요. [그런데] 그들이 말할 때 국민이 힘을 실어주지 않았어. 그때 얼마나 많은 기자들이 일터에서 쫓겨나고 얼마나 많이 그랬어. 그럼에도 불구하고, 그 사람한테 힘을 못… 실어주지 못한 거…. 우리 잘못이에요, 국민이 잘못이야. 국민이 아둔했던 거고요, 음. 그렇게 됐던 것들이 떠오르는 거죠. '그때 그렇게 싸웠어야 됐던 거 못 싸웠기 때문에 결과가 이렇게 나는 거구나' 그런 것들이죠. '과정이 이렇게 되면 결과는 이런 거구나' 이런 것들을 확인하는 거고…. '천안함 때 우린 몰랐어. 그래 지금도 모를 수 있는…' 이런 식으로. 억울하고 고통스럽고 힘들지만 '어떻게 내 새끼 목숨값에 사람들이 이렇게 아둔해? 그러면 내 새끼 목숨값에 아둔한 사람들, 또 니들이 그렇게 당할 거잖아' 이런 생각들도 들면서도, '나두 그렇게 살았어', 어쩔 수 없는 거죠.

그래서 안전한 사회를 말한 거고요. 어디도 없었어요. 야당이 만들어놓은 거 또 여당이 만들어놓은 거, 굉장히 많은 특별법 조항들 여러 개가 이사람 저 사람 이름을 명예 내기 위해서 특별법 안을 만들어가지고 오는데, 기가 차죠…, 기가 차죠. 이 아픈 사람들을 놓고 지들 출세하겠다고 명예 높이겠다고 그 짓들을 짓거리들을 하는 거 보면(한숨), 기가 막히죠. 너무너무 기가 막힌데 그걸 어떻게 또 말로 다 표현할 수도 없어요. 기막히다는 말밖에, 인간이 아니라는 말밖에 어떻게 표현할 수도 없고… 그 안에서 안전에 대한 법이 나오는 거예요. 안전에 대한 법이 없으면 이런 참사를 또 일으키겠다는 거예요. 그리고 특별법이 제대로 안 가면 법안이 만들어지지 않는 한은 그런 인간들을 허용하겠다는 거죠, 계속. 그게 너무 기가 막혔어요.

그래서 그걸 만드는 게 우선이라고 생각을 했고 그리고 가만있어도 지들이 알아서 그 정도는 해줘야 하는데 "가족을 3자협의체를 하네, 안 하네. 절대 가족이 못 들어가네" 이런 것들이 저기들같이 느껴지는 거예요, 누구같이 느껴지는 거예요. 하이에나들, 죽은 짐승까지도 뜯어먹는 그런 모습… 그런 야생의 야만스러움, 그런. 그렇게 느껴졌기 때문에(한숨) 기가 막혔고요. 어찌 됐든 춤춰야 될 수밖에 없다는… 할 수밖에 없었고, 위정자들의 이 줄다리기… '어쩔 수 없이 춤추는 나쁜 사람들의 꼭두각시들밖에 될 수 없다'는 생각에 조금이라도 덜…

면담자   흔들리도록?

성호 엄마   네, [딜] 흔들리도록. 조금이라도 더 오래 싸우도록 그거 하는 거밖에 없다 그래서 춤췄죠, 그렇게 된 거예요. 그래서 먼저는 애들 그렇게 장례 치르고 올라와서 한 1, 2주 있다가 서명받자고 했었고 "우리한테 이렇게 지금 추모하러 오는 사람들을 그냥 다 돌려보내 놓을 수는 없다". 그래서 "서명받자. 진실을 밝히게 하는 데 자료는 만들어놔야 한다" 이런 것들을 했던 거고. 1000만 서명받으려고 하지 않았어요. 근데 음… 너무 분노스러우니까, 그리고 이게 서명이 법적인 효력이 아무것도 없는 거기 때문에 그냥 "국민들 의지만 하자. 1000만이면 어때 100만이면 어때 아무 상관 없다. 이왕이면 이슈나 되게 크게나 하자" 이렇게 된 거예요. 1000만 서명이라고 누군가가 떠들었는데 "그래" 이렇게 해버렸고.

그래서 이제 하면서 국회로… 그거 가지고도 이리떼처럼 권력 싸움, 특별법 국면에서 권력 싸움처럼 [되니까] 기가 막혀서… 절차잖아요. 이런 참사가 일어나고 나면 특별법, 특별법도 시행되게까지 하기 위해서 청문회고 뭐고 다 그 안에 있는 것들이 특검이고 뭐고 다 절차잖아요. 기본적으로 해줘야 되는 것들이고 진실이 밝혀지건 안 밝혀지건 가야 되는 과정이니까 끝까지 목격은 하고 있어야 된다 그래서 쫓아다녔어요.

10
신앙인으로서 생각하는 4·16 참사의 의미

면담자　　어머니는 대책위 활동을 하시면서 동시에 신앙을 갖고 계시잖아요. 그 두 가지가 어머니 마음속에 어떻게 작동이 되고 있는지가 궁금해요.

성호 엄마 정혜숙

성호 엄마　　　그거는 사회를, 이런 사회로 회귀를 하든 발전을 하든 이런 것들은 사회 구성원들의 문제죠. 대한민국이라는 데가 참으로 악하다는 거를 저는 확인하는 그런 거였고요. 제가 함께 연대해 주지 못했던 그런 과거사들, 수많은 과거사들에 대한 소시민으로서의 미안함 이런 것들이 너무 컸어요. 일단 가족들 안에서는 저는 이제 부대표, 반에 부대표인 거뿐이었고요. 회의에 들어가면서부터는 처음에는 사람들을 잘 모르기 때문에 가족들의 성향 파악을 이렇게 말을 들으면서 성향 파악을 하게 됐고, 그다음에 옳은 방향으로 놓치지 않게 하는 데, 힘을 쓰는 데 애를 썼고요.

그러다 보니까 책임을 별로 지고 있지 않은 사람이, [제가] 분과의 책임도 없고 대표로서의 책임도 없는데도 늘 그때부터 마음을 놓지 못하고 회의를 계속 들어갔고요. 회의에서도 어떤 결정을 하는 데, 여기에서는 아주 중요한 결정 [내리는] 이런 데서는 제 목소리가 꼭 들어갔는데, 했어야만 했고요. 물론 다 그렇진 않지만 그랬고. 일단은 먼저 앞 선 앞장섰던 부모들이 인성이나 생각이 합리적이거나 이러면 너무 좋은데, 우리를 대신해서 척척척 알아서 해주고 가족들을 한 곳으로 다, 일방향은 될 순 없어도 같은 방향으로 갈 수 있게 리더의 역할을 제대로 해주면 너무 좋겠는데, 제가 경험한 건 뭐냐면 성격이 급한 사람들이 늘 먼저 앞서더라, 이걸 확인하게 된 거고요. 〈비공개〉 중요한 상황에서는 어찌 됐든 들어가게 됐고 그랬죠. 종교적인 쪽으로는 제가 앞장설려고 서는 게 아니고요.

저한테는 이제 느낌은 처음에 이 참사가 일어날 때부터, 지난 번에 말씀드렸는지 모르겠지만 저는 종교적인 해석을 해요. 종교적인 해석을 안 할 수가 없어요. 왜냐하면 이런 일이 우연스럽게 일어나는 일도 아니고요, 신이 허락을 했다고 해도 허락한 이유가 있을 거고 이렇게 한 목숨 하나하나가 귀한데, 갯값을 치르는 것으로는 끝내지 않을 거라고 저는 생각을 하기 때문에…. 더군다나 이런 큰 참사의 교훈, 다시는 이런 일은 없게 하는 데 사람들을 깨우는 것, 이것에 신도 같은 그 뜻이 있다고 생각을 해요. 그래서 내 아이 목숨값이 그렇게 그들에게 죽임을 당한 갯값, 그것은 절대로 아니라고. 악을 허용했을 때는 그 악을 이용한 선도… 신은 양쪽을 다 가지고 있다는 생각도 하기 때문에 내 아이 목숨값을 저 악은…….

면담자   치러야 된다?

성호 엄마   아니요. 값어치를 생각을 안 한다고 하고 덮어버려서 갯값으로 지들의 탐욕의 희생양으로 삼는다고 해도 신의 뜻은 거기까지가 아닐 거다, 그걸 넘어서 있는 거지. 절대로 내 아이를 사랑하지 않아서, 내 아이가 성호가 그렇게 치부되어야 될 존재라고 생각되지 않았어요.

면담자   '하느님도 그렇게 생각하신다면'이라고 생각하시는 거죠?

성호 엄마   그렇죠. 성호는 특히나 제 자식으로 태어났지만 제가 함부로 할 수 없었던 아이에요. 아이들이 많지만 네 명이나 되지만 그중에서 제가 봤을 때 그 내면이나 영적인 부분이나 아이의 인성이나 모든 면에서, 그리고 겉모습도 그래요. 겉모습까지도 함부로 할 수 없는 애였어요. 존중할 수밖에 없는 애, 어른이 볼 때도 어른보다 더 내면이 꽉 차 있는 이런 애였기 때문에(한숨). 나는 걔를 한번 업신여길 수 없었고요. 하찮게 볼 수가 없었던 애예요.

그런 애를 내가 그만큼 생각하는 만큼인데, 이 어리석은 엄마가 생각할 만큼인데 신은 어떨까… 나보다 그 아이를 더 사랑하는데, 나야 그 아이를 보호해야 되고 인도해야 될 몫이 있을 뿐이지 그 아이의 생명에 대한 이걸 관장하시는 분은 하느님이잖아요. 그분이 더 사랑할 거잖아요. 그렇기 때문에 그렇게 쉽사리 그렇게 하찮게 아이를 세상에 보냈고, 아이를 그렇게 거둬 가실 분이 아니라고 저는 생각을 해요. 그리고 그런 깨달음이 그날 그 선과 악의 싸움에서 저한테 왔고요.

그다음에 그 성서라는 것이 저 역사 속에 성서, 살아 있는 신, 살아 있는 성령을 얘기를 해도 깊이 덜 와 닿던 이런 게, 저는 성호의 죽음 앞에서 이게 현실일 수밖에 없고 신의 그 말들 말씀들… 역사 이것이 한 치의 거짓이 없이 그 옛날과 지금과 미래까지도 다 이루어지는 말이구나. 그리고 처음이랑 끝까지 존재하는 신이구나라는 것을 그때 느꼈었어요, 죽음 앞에서. 죽는 그, 죽는다는 말을 쓰기가 너무 어렵고 고통스러운데요. 아이의 목숨을 잃어가는 그 시간 그 고통의 시간 안에서 제가 깨달은 건요, 신과 함께 내 아이랑 같은 고통을 같이 겪고 있다는 거… 그런 거고, 내 아이와 함께 하고 계신 신을 느꼈던 거고. 지금까지 성서 말씀이, 그리고 내 아이 같은 이런 고통이 당신 아들도 왔었던 거고… 그래서 '예수라는 것을 따르는 거고 그런 예수 몫이 우리 아이 목숨값이 같은 값이구나'라는 걸 그때 깨달았어요.

그래서 저는 신이 있다고 생각을 하고요. 신이 없으면 안 되는 이유가, '내 아이가 이게 끝이야. 영혼도 끝이고 육신도 끝이야'라면 저는 신을 믿을 필요도 없고 그리고 이게 끝이라면 내가 살 이유도 없어요. 그래서 저는 분명히 신은 있고 성서 말씀 그대로 이루어지고 있는 거고, 성서 말씀은 현재를 사는 우리에게 다 똑같이 반복되고 있는 것들이라고, 살아 움직이는 말씀이라는 거 살아 있는 신이라고 이거를 저는 그대로 느낀 거예요. 그대로 100프로 받아들여지는 것. 일말의, 조금이었던 믿음의 흔들림 이런 것들이….

면담자　　없어진 건가요?

성호 엄마　　없어졌어요, 완전히 사라져버렸어요. 그리고 '내 아이가 가 있는 곳이 없다' 그거는 생각할 수도 없고요. 이승과 저승이 그렇게 있는 거고 선과 악이 있는 거고… 선, 악이 싸움이었던 거고… 이거를 저는 그대로 받아들였던 거예요. '악한 사람들이 어떻게 저렇게 악할 수 있을까' 거기서도 생각이 들었고요, 그래요. 그래서 조금 더 말씀을 드리면(한숨) 사람이 얼마나 나약한지 그리고 선과 악에 얼마나 흔들리는지 이런 것들을 확인하는 경험이 이 경험이고, 그 담에 탐욕자들이 얼마나 악할 수 있는지 이것도 확인하는 경험이었고요.

그걸 견뎌내면서 평생을 견뎌내면서 나 또한 붉은 피의 순교를 하는, 내 아이의 목숨값이라면 나도 언젠가는 그렇게 될지도 모르겠지만 어찌 됐든 '이 박해 이 핍박 이 비난 속에서 나는 견뎌내야 되는 사람이구나. 내가 받아들이는 상황일 수밖에 없다'고 생각이 들었고요. 그게 신이 나한테 '내 아이는 목숨을 내놔야 된다면, 저는 그렇게 투쟁해야 되는 몫이 나한테 있는 거구나' 하는 그렇게 하면서. '나를 깨우신 분이고… 그런 생각이에요.

그리고 '어디까지 얼마나 악해질 수 있는가' 그거를 보는 상황이었고요. '얼마나 인간들이 또 어리석은가' 이걸 보는 상황이 경험이고, 또한 '종교도 얼마나 악한가'. 그리고 '깨어 있는 사람들이 얼마나 없는 건지', 신이 왜 "깨어 있는 사람 오십이라도 내가 폐허가 되지 않게 하겠다…" 이런 것들 그런 약속들이 이해가 되는 거예요.

그리고 이런 참사 앞에서도 생명이 죽어가는 이런 상태에서도 그들에게 속아서, 탐욕에 속고 언론에 속고 권력자들에게 속아서 이 아픈 사람들 편에 서지 못하는, 똑같은 데도 불구하고… 똑같잖아요. 국민의 한 사람이 똑같이 치부당하고 자신도 치부당한 거고, 자신이 아닐 뿐이에요. 그럼에도 불구하고 싸우지 못하는 사람들… 나만, '나는 아니야'.

면담자   '나는 괜찮아'.

성호 엄마　　자기는 권력자들의 대열에 서고 싶어 하고 그 대열에 맨 끝이라도 서고 싶어 하고 '자기만 비껴가면 좋겠다' 하는(한숨) 그런 심리 인간의 심리 이런 것들을, 어리석음을 확인하는 그런 거기도 하고요. 종교가 얼마나 힘이 없는지, 그다음에 악이 얼마나 차 있는지 그다음에 책임을 져야 할 사람들이 얼마나 책임 없는 사람들 힘없는 사람들을 이런 것들을……. 몰랐던 세계죠… 제가 보고 있는 보여지는 상황.

　옛날에 제가 입법부에 있었어요. 커다란 책임을 맡거나 이런 건 하나도 없었지만 입법부에서 제가 본 게 그거였거든요, 탐욕자들. 권력을 가진 자들이 법을 고쳐가면서까지… 약속이잖아요. 많은 사람들의 약속이고 이 사회의 약속이고 룰인데 그 룰이 제대로 굴러가면 모두가 좀 편안해요. 모두가 편안한데 그걸 깨면서까지 자신들의 탐욕을 채워가고 분배를 엉망으로 만들어가면서 착취하는 그런 법으로 고쳐가는가를 저는 봤거든요. 그게 20년 전이에요.

　그래서 저는 거기서 너무 힘들어했어요. 그래서 만년, 평생이 편안할 수 있는 공무원을 안 한 거거든요, 못 했어요, 저는 양심의 가책 때문에. 그리고 제가… 국민의 땀, 피와 땀을 벌레처럼 먹고… 왜냐하면 그들이 일을 제대로 안 하기 때문에 입법부에 국회의원들이나 거기서 일을 하는 사람들이 로봇 같다는 생각을 했지. 물론 그 로봇 같을 수밖에 없는 것은 밥그릇을 챙기기 위한 거고….

면담자　　　먹고살기 위해서.

성호 엄마 정혜숙

성호 엄마　　네, 탐욕이죠. 그들 또한 탐욕이에요. 정의를 보고 불의를 보고 눈감고, 정의가 무엇인지 보이는데 생각조차 안 하려고 하고 권력자들에게 아부나 하고 밥 먹고살려고나 하는 것. 이런 것들을 봤기 때문에 저는 다시는 그 물에 들어가고 싶지 않아서 입법부를 그만두고 나와도 여기 지역에 지역의 국회의원들 비서나 보좌나 어떤 것들로 일꾼을 뭘 할 수 있음에도 불구하고 그런 일들을 손 뗐어요.

　　그랬는데 '그때 제가 왜 한 5, 6년을 거기서 그걸 봤어야 되나… 그 고통을 그 불합리를 그리고 그 모순을… 탐욕을 내가 왜 봤어야 되지? 나한테 그런 걸 왜 보여줬을까? 모르고 살았어도 살 수 있는데 영원히 할 것도 아닌데 왜 봤을까?' 이런 생각을 했을 때 '신이 나한테 원하는 게 뭐였지' 이런 생각을 했을 때, 나한테 세상을 보여줬다고 생각을 했거든요. '세상이 이렇구나'라는 거… '세상이 얼마나 부패할 수 있는지, 이런 방향, 이것을 보는 시간이었다'고 생각을 해요.

　　그리고 '그것을 보여주는 게 어떤 의미인가 나한테 내 인생에 무슨 의미를 줄까' 답을 잘 몰랐었어요. 이 참사로 알게 된 거예요. 그때 '그런 모습을 [왜] 보여줬는지 그런 거를 모르고 살았어도 됐는데 왜 알게 했는지… '이런 것들을 생각하면서 '아, 이런 일이 나한테 예고, 예고가 아니든 간에 알게 하기 위한 작은 시간? 이게 허용되었던 거구나' 이런 생각들. 그래서 얼마나 인간이 추악할 수 있는지 이런 것들을 알게 됐죠. 그러면서 느낌은 뭐였냐면 '이 부모들이

이 싸움을 제대로 가게 하는 데 힘쓰라는 거 아닌가' 이런 생각도 했고요. '그 역할이 나한테 있는 건 아닌가?' 이런 생각도 했고요. 물론 나 혼자 가는 게 아니라 다 같이 가야 되기 때문에 저는 제가 아는 것들을 도와야겠다. 그래서 책임이 별로 없음에도 불구하고 회의를 계속 가고 그랬죠. 특별법 국면에서는 양당의 싸움 거기에서 가족이 갈 수 있는 방향을 최대한 갈 수 있게, 말할 수 있는 거 할 수 있게 하는 데 애를 쓰려고 했어요. 그래서 책임 없이 앞전에 서서 했었고 그렇게 한 거예요.

그래서 저는 뭐, 종교인들을 제가 만날려고 했던 건 아니에요. 종교 대표들을 만나러 다니려 했던 건 아니고 이유는 성호 때문이에요, 성호가 특별하다고 생각을 해서. '그 아이 중에서도 특별할 수밖에 없겠다'라는 생각을 한 거는 애가 깨어 있던 아이이고 역사라든가 세계사라든가 인류 이런 것들에 관심이 워낙 많았던 애고, 뭐 영화 한편을 봐도 〈설국열차〉 이런 걸 보면서 아주 깊이 생각하는 애였고 이걸 묵과하거나 그냥 넘기면 안 된다는 생각을 하는 애였고…. 그래서 엄마한테도 〈설국열차〉를 보고 와서 굉장히 놀라워하면서 "엄마, 사람들이 이렇게 악할 수도 있고 이렇게 싸울 수도 있고, 이런 투쟁 말고 다른 게 없는지…. 이렇게 나약하고 아파야만 되는 건지… 인간이, 올바른 길을 가는 사람들은 이렇게 투쟁을 해야 되는 건지" 이런 것들을 고민을 하는 애, 철학적인 애예요.

그래서 그 아이가 저한테 그렇게 이끌고 있다는 생각을 하는 거였죠. 그래서 애가 사제가 될려고 했던 꿈도 그런 박애 정신 같은 거… 사명감, 사랑의 전달 그다음에 악과의 싸움 그런 것이 꿈이라고 생각을 해요. 그것을 사람들은 사제라는 특별한 꿈이라고 생각을 했고 종교적인 사람들은 해석을 그렇게 했고 그래서 저를 대표로 그 사람들이 뽑은 거예요. 종교 쪽에서 저한테 연락이 왔고, 교황님 방한 때나 요럴 때. 그리고 종교인들 모임 이런 데 가면 성호에 대해서 좀 더 아파하고 더 관심을 갖고 해서 저절로 그렇게 된 거지 제가 나서는 성격 이런 거는 아니에요. 이렇게 해서 대표 아닌 대표처럼 움직여졌던 거고, 가만히 있을 수 없었던 거고….

그래서 그런 분들을 만나러 다녔고 사회의 흐름이 어떻게 되고 종교와 정치의 관계가 우리나라가 어느 정도가 되어 있는지 이런 것들, 그다음에 그분들, 정의롭게 살려고 하는 쪽의 사람들이나 권력과 손을 맞잡은 분들이나 종교인이어도 지도자 격에 있는 사람들도 어떤지, 어떤 상황에 놓여 있는지 이런 것도 알게 된 거죠. 어떤 분 같은 경우는 생각이 반듯함에도 불구하고 '그들'의 눈치 때문에 진실을 말해줄 수 없이 돌려서 말하고 계신 이것도 알게 된 거고, 어떤 분들은 '그들'과 맞잡은 손이 굳건해서 이렇게 아픈 사람들도 그 책임의 자리에서조차도 외면하는 그런 사람들도 알게 되고…. 우리 종교가 왜 이렇게 썩어 있는지 이렇게 갈 수밖에 없는 시스템이 어떤 건지 이런 것도 알게 됐고 그래요.

면담자   알아가는 게 두렵지 않으세요?

성호 엄마   이제 뭐 다 알았으니까 두려울 것도 없고요. 더럽죠,

추악하죠, 힘들죠. 마음이 힘든 건 사실이고요. 그렇지만 현실인데, 내 마음이 힘든 것보다 우리가 그렇게 아프고 있는 거잖아, 사실. 온갖 곳에서 아픔이고 고름이고 병든 것이고 그걸 아니라고 한다고 안 할 수 없는… 종교만이 아니라 다요.

11
활동에서 후회되는 일

면담자　　두 가지 질문을 더 드리고 정리를 할까 하는데요.

성호 엄마　　네.

면담자　　이제 500일이 넘었는데 그동안의 어머니의 경험에서 좀 아쉽거나 후회되는 그런 게 있으신지?

성호 엄마　　후회되는 거 있죠. 진도체육관에서 제가 한번 이틀인가 삼 일쨀가 마이크를 잡은 적이 있어요. "해경들 저들의 저 시스템의 말을 믿지 마라. 다 거짓말이다". 그때는 부모들이 그걸 몰랐어요, 아는 사람은 알고 모르는 사람은 모르고. 그런데 '더 나섰어야 된다'는 생각이 더…. 그리고 아이들의 장례를 논하고 이럴 때는 번갯불에 콩 구워 먹듯이 그들이 그렇게 확 속이고 끌고 가버리고…. 이 내용이 결과적으로 어떻게 될 건지 너무나 몰랐던 부모들…….

　　그때는 저는 제가 알고 있는 것이 특별하거나 앞서가는 거라고 생각을 절대로 안 했어요, 이게 특별한 건 아니에요. 근데 앞서가고 있다는, 이 부모들 안에서는 [그나마] 앞서서 먼저 알아가고 있다는 건 생각을 못 했어요. '나보다 좀 더 힘 있는, 힘 있게 싸워가는 사람이 있겠지… 그런 사람이 나오겠지' 이렇게 생각했던 거, 이것이 얼마나……. 그런데 제가 그렇게 나섰어도 결과는 똑같았을 거라는 생각은 들어요. 그러나 저는 후회가 돼요. 저는 더 크게 더 확실하게 저한테 왔던 확신이 어떻게 보면 '나를 그렇게 이끌어왔던 하느님의 메시지이기도 한데 내가 어리석어서 나서지 않았구나… 덜 나섰구나, 목소리가 작았구나' 이런 것들이 생각이 드는 거예요. 그래서 이렇게 지난한 싸움을 고통스러운 싸움을 너무 오래 해야 되니까, 그것 때문에. 그게 정말 참 한탄스럽고 제가 어리석었던 생각 이런 것들이 많이 들죠. '조금은 다를 수 있었는데, 조금 더 싸울 수 있었는데, 조금 더 확보된 싸움이 될 수 있는데' 이런 것들, 그런 거예요.

그리고 그래서 조바심 날 때가 많았어요. 그걸 못 한 것에 회의적인 이런 것들. 또 너무 어리석어서 방향을 알려줘도 안 듣고…. 그 안에서 싸움이 계속 고통스런 싸움을 계속해 나가야 되고. 저 권력자들과 싸우기도 바쁘고 싸워봤자 우리는 거기, 그 안이잖아요. 그 안에서, 쟤네들이 가이드라인 그어놓은 그 [한계] 안에서 임에도 불구하고 속도전 이런 데서는 가고 싶고 해야 되고… 또 [결과가] 달라질까를 생각하고 이럴 수밖에 없는 상황이잖아요. 결과를 놓고는 마찬가지일 것임에도 불구하고, 그 싸움 속에서 늦게 오는 부모들을 기다리고 아울러가고 이래야 되는 그 상황을 너무 힘겨워 했던 이런 것들도…. 폭넓게 넉넉하게 받아주거나 이러지 못했던 것들, 이것이 좀 후회되죠, 후회되고…. 문규현 신부님이 저한테 했던 말씀이 있어요. 가족들의 싸움이나 현장에서의 활동들 이런 것들을 보면서 작년 8월 정도에 그 얘기를 하셨어요. "세실리아야, 니가 성호 엄마야. 니가 좀 어머니처럼 넉넉하게 저들을 안아줘라. 정신 차린 부모들이 별로 없고 그나마 성호 엄마 니가 좀 정신을 차리고 있고 똑똑하게 싸우고 있으니까 니가 좀 더 폭넓게 받아 안아라. 어쩔 수 없는 거다" 이렇게 [말씀]했는데, 전 조바심이 많았고 그것도 못 따라오는 부모들 그다음에 그렇게 이 정도의 상황을 계속 얘기를 해주는데도 정신 못 차린 부모들…….

그런데 정신 못 차릴 수밖에 없는 거였어요. 저처럼 그런 환경이 보여진 것도 아니었고… [저마다] 삶이 달랐기 때문에 그 정도밖에 볼 수 없는 것들인데, 갈 길이 너무 머니까…. 그리고 너무 긴 싸움, 지난한 싸움을 해야 되니까 어떻게든 속도전을, 조금 앞당겨 갈 수 있는 것 이런 것들이 필요하다고 욕심을…. 전체를 바라보는 힘이 없기 때문에 저 또한 거기서 조바심내고 힘들어하고 이랬던 것들. 그래서 그들을 아우르는 것, 책임… 어차피 저는 책임 없이, 책임을 지지 않으면서 많이 앞장서 갔던 사람이니까. 책임을 지지 않으면서 뒤에서 앞장서는 방법이 있었는데 그거까지는 못 해… 그릇이 작았구나. '그릇이 아직, 넓히는 그릇도 다 못……'. '다'라는 거는 죽을 때까지 해야 하는 거지만 못 하고 있으면서 요란했죠.

성호 엄마 정혜숙

이런 생각들은 들죠, 들어요.

그런데도 나름 해왔어요, 나름 하긴 했고요. 국회 싸움에서도 그렇고 가족들이 조금 더 힘내는 싸움 내게 하는 데도 했고요. 싸움의 기조를 끌고 가지 못할 때 청운동으로 끌고 가거나 이런 것들도 했고… 앞장은 많이 섰죠. 그래서 "그만하라" 할 정도까지 [말을] 들었죠. 그러면서도 이 싸움이 그렇게 지난할 수밖에 없는 싸움이기 때문에 후회막심이고 좀 넓게 보고 더 아울러 갔으면 좋겠고 이런 것들이… 이 트라우마 속에서 벌어질 수 있는 것들….

면담자　　　이 싸움이 장기전으로 갈 거라고 생각한 계기가 있나요?

성호 엄마　　　장기전은 처음부터 장기전이었고요. '어떻게든 힘을 낼 수 있을 때 힘을 내보자' 그거였죠. 그거의 조바심이었지 이게 뭐 처음부터 진실이 밝혀질 거라 생각도 안 했고요. 얼마나 지난하게 오래갈 것인지는 처음부터 생각을 했고요. 특별법 국면에서 특별법을 여적[여태]까지 만들어준 적이 없는데 '특별법을 만들어줄까?'라는 생각했었고요, 이 정도의 반쪽자리 특별법으로 무마할 거라는 거 생각했었… 거기서 조금 더 얻어질 수 있는 거, 조금 더 밝힐 수 있는 진실을 조금이나마 그림자라도 조금 빼볼 수 있는, 근거를 좀 들어 마련할 수 있을 때 할 수 있는 걸 하자는 거였지. 그것 때문에 싸우는 거지. 큰 흐름 안에서는 이렇게 갈 거라고 짐작 못 한 사람 별로 많지 않을걸요. 아, 부모들은 많은 수는 '그렇게 싸우면 진실이 밝혀지겠지. 단기간에 해가야지' 이렇게 마음을 먹은 사람들은 있어요. 그런데 저는 처음부터 믿지 않았고요, 그럴 수 있는 싸움이면 저들이 이 정도로 악랄하게 하지 않았다는 거 알고 있으니까, 짐작하고 알고 있으니까.

12
위안이 된 다른 부모님들

면담자　　　힘든 가운데 제일 위안이 되고 제일 큰 힘이 된 것은 무엇이었나요?

성호 엄마　　　힘든 가운데 제일 위안이 되었던 거는 아마 부모들일 거예요, 그래도 가족들이고. '성호밖에 없는데, 가족이 성호밖에 없는데 성호가 이렇게 됐다. [만약] 나밖에 싸울 사람이 없어… 그렇다면 내가 이렇게 싸울 수 있었을까?' 이 생각도 들고요. 잘 싸우는 거 아닌데도요, 그렇고. 또 [만약] 우리 애 하나였어, 우리 가족이 다 있어도 성호 혼자 이렇게 당한 거였고 다른 부모들이 없어요. 그러면 '내가 이렇게 싸울 수 있었을까? 이런 아니 내가 이만큼 아플 수 있었을까? 더 아프지 않았을까?' 그니까 몸이 상해도 더 상했을 거고요. 마음이 상해도 더… 트라우마가 와도 더였을 거라고 생각이 들어요.

　　근데 그나마 조금의 위안이라면 나만이 아니고 내 아이만이 아니고 그 백색의 순교를, 아니다, 피의 순교를 하는 애들이 250명이나 되고 그다음에 그렇게 나처럼 아픈 부모들이, 같이 공감할 수 있는 부모들이 500명이나 되는… 이게 싸울 수 있는 힘이에요. 그들이 늦게 가고 아둔하고 이래서 힘들기도 하고요, 또 나도 아둔하잖아요, 저도 모르는 게 많은 거고. 또 그들이 함께 있어서 또 힘이 되기도 하고… '그들이 없었으면 살았을까?' 이런 생각들이죠.

13
보다 정의로운 사회가 되길 바라는 간절한 희망

면담자　　중요한 얘기를 해주신 거 같아요. 어머니께서 너무 깊이 있는 얘기를 해주셔서 저희들이 앞으로도 이런 구술을 가지고 경험이라든가 기억의 문제에 대해 얘기할 때 큰 도움이 될 거 같애요.

성호 엄마　　거기에 조금 붙이면은 모든 시스템을 오랫동안 저들은 준비했다는 생각을, 확신이 들어요, 권력의 라인. 굉장히 오랫동안 준비했다는 생각이 들고요. 그… 성호가 늘 얘기했던 게 많아요. 역사를 좋아했던, 아시겠지만 역사를 좋아했던 아이어서 왜 이렇게 악한가를, 사회가 왜 이렇게 혼탁하고 악한가를 성호는 많이 생각을 했었고요, 그래서 성호가 늘 얘기했던 게 일제 청산이 안 된 거, 그 옛날부터 당파 싸움이 심했던 거 그러면서 가졌던 유전자들, 심리전, 탐욕. 이것들이 우리 사회의 병폐고 우리 사회의 악순환 그런 거고… 선진국으로 가지 못하는 그런 이유 중에 하나가 그거라고 아이가 늘 생각을 했고.

이곳저곳이 아픈 곳이 너무나 많은 그런 것들을 보면서 사회에 관심이 많았던 아이는 성호는 그 모든 결과가 그곳으로 갔어요. 그래서 "일제청산을 못 해서 왜 이 정도까지 우리가 아파야 해야 되는가?" 말을 아주 많이 했었고 또 엄마가 연대하지 않은 거… 생각으로는 토론을 하고 생각으로는 합일점을 찾고 공동의 생각이 모아지고 이렇게는 되는데….

그리고 다른 부모들보다 [제가] 그런 사회 이슈 면에 토론 이런 것들을 해주는 부모에 속한다고 아이가 생각은 하는데, 엄마가 연대를 하지 않는 거… 말과 행동이 다른 것. 아이라서 순수하니까 우리 어른들처럼 복잡하지도 않고 이러니까, 그렇게 말했으면 [본래는] 그런 사람들과 연대를 하고 함께 해야 되는데 "[엄마는] 왜 안 가? 저렇게 큰일이 벌어졌으면 함께 해야 되는데 왜 안 가?" 뭐 이런 것들에 대한 이야기를 할 때 함께 하지 못했던 이런 것들의 후회가 굉장히 많이 가고요. "엄마는 그 정도의 사고를 하는 사람이 이렇게 행동을 하지 않는 거는 연대하지 않는 거는 이중인격이야"라고까지 말했던 것에 제가 변명을 했던 거… 이런 것들이 더 아픈 거예요. 저는 무지하게 그게 굉장히 아프고요.

나름 참사가 일어나고 시간이 지나면서 또 회귀되는 나만의 습관된 것… 연대하지 못하는 그런 것들, 관심이 덜 가는 이런 것들

성호 엄마 정혜숙

있어요. 분명히 있는데도 불구하고 그런 게 좀 많이 힘들고 '좀 더 깨어 있어야 되겠다' 이런 생각을 많이 해요. 그리고 '그런 사람들 그런 어른들 그런 사회 그런 아이들의 교육 이거가 되어야 된다' 이런 생각도 많이 하고. 어른들이 이런 일을 수도 없이 겪고 있음에도 불구하고 그 중심을 잃고 "나만 아니면 돼"라는 대열에 자꾸 끼고 또 용기 내지 않고 침묵하고 이런 것들이 얼마나 악인가, 그런 생각들을…. 그 악을 알 때까지, 알게끔 부르는 그 시간이 투쟁의 시간이 될 거라는 생각이 들고요. 투쟁할 수 있는 부모들이 더 많아져야겠다는 생각이구, 사실은 이 사회라는 게 이 부모들이 투쟁할 게 아니고 주변인들이 투쟁을 해줘야 되는데 그게 안 되는 사회라 어쩔 수 없죠.

면담자　점점 늘어가겠죠?

성호 엄마　깨워야 되는데요, 악은 너무……. 견고하고요, 똑똑하고요. 선한 사람들이 너무 어리석어요. 그렇게 아픔을 고통을 함께 짊어지거나 고민하려고 안 하고 쉽게 가려고 하고 편안할려고 하고 그러고 있으니깐 어리석음에 자꾸 빠질 수밖에 없고. 그걸 깨워가야 하는 사람들이 빨리 더 늘었으면 좋겠고요. 그걸 다 가족들이 할 수는 없는 거니까.

면담자　그렇죠. 각자가 또 자기 영역에서 계속 그런 역할들을 같이 해나가야 된다고 생각해요.

성호 엄마　근데 지금 정도에서는 어떤 생각도 드냐면, '그들'이 오래전부터 시스템을 너무나 잘 만들어갔고요. 아, 그래서 그 시스템 속에서 그렇게 바라볼 수밖에 없는 제도, 시스템을 더 만들어왔기 때문에 사회의 이 싸움이, 분배의 모순이 그렇게 가져가고 있다는 생각이 들어요. 그들은 쳇바퀴처럼 사람들을 그렇게 정의나 진실에서 멀게, 그리고 너무 바빠서 그걸 바꾸지 못하게 그렇게 만들어왔고 아이들마저도, 어린 아이들마저도 초등학교 때부터 우리가 바빴던 이유가 그들의 시스템 속에 그런 거고, 지금도 청년들이 너무나 힘겹고 일자리 자체도 없고 행복할 수도 없는 시스템이고…,

그것을 깨고 나와야 행복해질 수가 있고 되찾을 수가 있는데 그럴 여력도 힘도 없게 만드는 그 시스템은 그들이 만든 제도라고 생각이 들고요. 그걸 깨고 나올 용기가 과연 될까? 언제가 될까? 얼마나 더 빼앗기면 될까? 그 빼앗김 속에는 그들이 만들어간 분배의 시스템에 계속 빼앗기면서도 알아가져야 될 거고, 알아가지기까지 얼마나 시간이 갈까도 고민하게 만들죠.

면담자   간담회에 가서서도 그런 얘기를 하세요?

성호 엄마   이런 얘기까지 못 하죠. 가족이 이렇게 똑똑한 척하거나 아는 척하면 사람들을 힘들게 만들죠, 그런 얘기 못 하고요. "함께해 달라, 잊지 말아달라, 기억해 달라" 이런 얘기들을 하죠. 시스템 자체는 그렇다고 얘기는 해요. 그렇지만 "원인이 이러니까 결과도 이렇게 가야 된다"고 우리가 말하는 것보다 본인들이 알아서 가야 되는 거고 본인들이 깨달아야 되는 거고… "깨달으세요"라고 할 수 있는 게 아니잖아요.

면담자   그게 되게 어려운 거 같아요.

성호 엄마   그리고 싸움의 기조도 반[은] 국가가 감시하고 오더 주괴[명령 내리고] 그렇게 사업하고 이렇게 만들어갔어요. 근데 이렇게 정의로운 싸움하는 사람들도 그 싸움이 그 정도 갈 수밖에 없다는 거, 그것도 그들의 싸움을 삶… 먹고사는 문제 거기까지 끌고 갔거든요. 국가에게 책임을 어느 정도 쥐어주는 거, 그거를 가 있음에도 자기네들은 거기서 안주하면서… 저처럼 그걸 고민하고 있거나 그것까지 알고 있는 사람이 과연 얼마나 될까? 자신들은 그냥 정의로운 싸움을 하고 있고 잘 싸우고 있다고 생각하는 사람들도 많다는 생각을 저는… 그 고민을 안 하는 사람이 많다고 생각이 들어요. 그래서 시스템[을] 모든 면에서 그렇게 아주 똘똘하게 똑똑하게 만들어놨고… 정의롭게 싸워야 되는 사람들은 거기까지 안 가요. 그렇게 발전하기에는 시간이 속도가 느리고 시간 많이 필요하고 생각을 하게 하거든요(침묵). 그래요, 씁쓸하죠.

면담자   그래서 제가 뭐라고 말을 하고 끝내야 할지 모르겠어요.

성호 엄마   (웃으며) 많이 배운 사람들, 그런 싸움의 정의에 앞장서야 되지 않는 사람들도 많이 배운 사람들이 그 몫을 다 해줘야 되는데… 아는 만큼 소리 내고 목소리 내줘야 되고 하는데 다들 비겁하잖아요, 많이 비겁하잖아요, 많이 정의롭지 못하잖아요.

면담자   '악이 있어도 끝까지 외면하지 않는 한 명이 남을 거야'라는 그런 신념이랄까, 믿음을 갖고 있는 자와, 이미 '힘들어'라고 생각하는 사람은 차이가 있을 거라고 생각해요.

성호 엄마   그렇죠. 의로울 수 있는 사람이 더 많아질 [수 있다면] 기조가 바뀌는 거죠. 생각의 흐름을 바꿀 수 있을 때까지를 우리가 그… 만들어가야죠.

면담자   네. 감사합니다.

성호 엄마   고맙습니다. 애쓰셨습니다.

면담자   네. 가족분들이나 성호 어머니께서 이 과정을 지나오시면서 직접적으로 생각하셨던 것들, 느낌, 메시지 이런 것들이 듣고 싶었는데 가감 없이 많이 말씀해 주셔서 저희도 좋은 시간이었고, 앞으로 이 자료를 축적을 해서 어떻게 가져갈지는, 같이 만들어갈지는 또 하나의 과정이라고 생각을 해요.

성호 엄마   가족들의 싸움 이거는요, 정치를 하는 사람들, 권력을 가지고 죄를 지은 사람들하고와는 싸움이 안 되고요. 사실은 그들을 괴롭히는 거 그거밖에 안 되는 거고요. 그리고 [대신] 국민을 깨우기 위한 것이죠. 그런 분들, 좀 힘 있는 사람들이 비겁한 거, 정의롭지 못함, 침묵하고 있음 이런 것들을 깨워나가는 그런 거지. 이 싸움, 힘없는 가족들이 얼마나 싸우겠어요? 정의롭게 앞장서주고 함께 연대하는 사람들, 그런 사람들보면 나보다 엄청난 사람들

성호 엄마 정혜숙

이고 반듯하게 잘 가고 있는 사람들인데, 그 사람들도 보다 그 안에서 점점 똑똑해지고 이 사회를 더 바라보고 [해야 하는데] 그게 쉽지는 않을 거 같애요.

이런 아픔이 한꺼번에 와서 보게 되는 알게 되는 사람들이 있고, 서서히 싸움의 과정에서 이런 [직접] 고통이 아니고 간접 고통으로 알아가는 사람들이 있을 거고요. 그거는 자신에게 닥친 상황에 따라 다 다를 거 같아요. 그렇지만 어떻게 됐든 국민, 우리는 다 공동체잖아요? 공동체 안에서 공동체 흐름을 바꿔가는 거는 머릿수, 함께 공감하는 사람들의 기조를 이끌어가는 그 힘이 될 때 될 수 있을 거 같애.

그럴 때까지 이 세월호를 잊지 말고, 세월호가 생명에 관한 문제였기 때문에… 가장 마지막에 있는 것이 생명이잖아요. 우리 일터부터 시작해서 자연환경 안에서 모든 걸 잃어갔어요. 잃어감에도 그냥 잊고, 침묵했던 것들, 그들과 맞서 싸우지 못했던 흐름들…. 그것이 마지막 생명까지 잃는 경험도, 과거에도 학살 여러 가지가 있었지만, 특히나 어린 아이들의 죽음… 아직 우리가 지켜 줘야 되는 미성년자 아이들의 죽음은 그냥 흘러 넘기는 일로 과거사로 이렇게 넘길 수는 없는 거…. 왜냐하면 그게 우리들의 미래고 그 아이들은 우리의 미래가 될 수밖에 없는 거고, 미래 사회이기도 해요. 그 미래를 죽이는 일이기 때문에 그냥 묵과하면 안 돼요.

그리고 더군다나 민주주의라고 생각했던 것들, 그것이 독재를 망각하고 거짓 사회를 망각하고 또 선거 조작이라든가 이런 것들은 정말 우리 모든 신뢰를 다 깬 거. [그건] 앞으로 어떤 사회도 넘어가도 된다고 허용한 그 시점이 돼버리는 거잖아요. 우리를 어떻게 대해도, 나라를 팔아먹어도 아니면 자연재해로 여기를 폭삭 망하게 하든 어떤 일이 와도 그들의 손아귀에 그냥 내어준 거거든요. 이것을 묵과하고 갈 수는 없는 일이고 이거를 해결하지 않으면 안 되는 일인데, 생명까지 이런 상태에서 해결도 못 한다? 그런 사회는 존재할 가치도 없을 만큼 무너질 사회라는 거. 이거를 국민들이 자각해야 되는 그 사건이 세월호 사건이고, 국민이 해결하고 나가야 미래에 우리 아이들의 고통을 줄여줄 수 있는 계기가 될 거라고 생각을 해요.

면담자   감사합니다.

성호 엄마   고생하셨습니다.

면담자   정혜숙 씨 구술 작업은 여기서 마무리하도록 하겠습니다.

4·16구술증언록 단원고 2학년 5반 제1권

그날을 말하다 성호 엄마 정혜숙

ⓒ 4·16기억저장소, 2019

기획 편집 4·16기억저장소 | **지원 협조** (사)4·16세월호참사가족협의회
펴낸이 김종수 | **펴낸곳** 한울엠플러스(주)
초판 1쇄 인쇄 2019년 4월 1일 | **초판 1쇄 발행** 2019년 4월 16일
주소 10881 경기도 파주시 광인사길 153 한울시소빌딩 3층
전화 031-955-0655 | **팩스** 031-955-0656 | **홈페이지** www.hanulmplus.kr
등록번호 제406-2015-000143호

Printed in Korea.
ISBN 978-89-460-6742-4 04300
     978-89-460-6700-4 (세트)
* 책값은 겉표지에 표시되어 있습니다.